《北京市节水条例》及《地下水管理条例》执法中的疑难问题对策

北京市水务综合执法总队 编

中国商业出版社

图书在版编目（CIP）数据

《北京市节水条例》及《地下水管理条例》执法中的疑难问题对策 / 北京市水务综合执法总队编. -- 北京：中国商业出版社，2024. 11. -- ISBN 978-7-5208-3289-2

Ⅰ. D927.102.664; D922.664

中国国家版本馆CIP数据核字第202449WT34号

责任编辑：滕 耘

中国商业出版社出版发行

（www.zgsycb.com 100053 北京广安门内报国寺1号）
总编室：010-63180647 编辑室：010-83118925
发行部：010-83120835/8286
新华书店经销
鸿博昊天科技有限公司印刷

*

710毫米×1000毫米 16开 9.25印张 100千字
2024年11月第1版 2024年11月第1次印刷
定价：48.00元

* * * *

（如有印装质量问题可更换）

《〈北京市节水条例〉及〈地下水管理条例〉执法中的疑难问题对策》编委会

主　编：李京辉

副主编：唐　展　员明达　袁　洁　李红刚

编委会：

蒋春梅	周　寰	韩向锋	李思敏	李　瑞	李　蒙
李琬玥	程凤飞	赵东领	王亚超	胡亏模	张　凡
王荣臣	韩建立	高占国	欧阳琨	李　超	刘泽军
许亚宁	张军生				

前 言

绿水青山就是金山银山。水是人类生产和生活不可缺少的自然资源。虽然我国水资源总量居世界第6位,但我国人均淡水资源占有量仅为世界平均水平的35%,是全球人均水资源最贫乏的国家之一。水资源短缺是我国的基本国情,节约用水、保护水资源是国家法律规定的每个公民应尽的义务。为了保护水资源,国家通过立法等手段来提升公民节水素养,促进各个机关单位和个人履行节水责任义务。

各级水务部门是水行政执法的第一责任主体。持之以恒地推进水务执法工作水平的提高,有利于构建和谐的水资源环境。为了打造素质过硬的执法队伍,就要进一步加强执法业务培训和学习,切实提高领导干部、职工法治思维及法律知识储备和依法处理问题的能力。

本着"谁执法、谁普法"的工作原则,我们组织编写了本书。目的在于普及《节约用水条例》、《北京市节水条例》和《地下水管理条例》知识,促进执法工作质效的提升。北京市人民政府《关于废止〈北京市节约用水办法〉等4项政府规章的决定》已经2023年6月8日市政府第18次常务会议审议通过,但是有些典型案例还是值得参考的,因此本书引用了一些当时较为典型的案例,同时辅助补充了《北京市节水条例》有关规定。《节约用水条例》经国务院第26次常务会议通过,2024年3月9日公布,自2024年5月1日起施行。通过研究我们发现,《北京市节水条例》与国务院制定的《节约用水条例》在基本内容上可以说是"异曲同工"。国务院制定的《节约用水条例》增加了水效标识制度,强调将构建水资源刚性约束制度作为节水的前置条件,通过落实"以水定城、以水定地、以水定人、以水定产"的原则来切实保障节约用水目的的实现;同时采取奖惩并举的措施保障节水措施落地见效。

本书选取北京市以及其他地区的近30个执法典型案例作简要介绍并进行适法解读,对执法中存在的共性问题进行了总结,以便于读者深入理解相关法规的立法目的和规范含义,对于提高水行政执法工作起到一定的指导示范作用。

由于编者水平有限,书中难免存在一些疏漏或者不当之处,敬请读者批评指正。

本书编委会

2024年9月

CONTENTS 目 录

第一部分 《北京市节水条例》执法疑难问题解读

第一章 《北京市节水条例》概述 2

- 第一节 《北京市节水条例》的出台背景 2
- 第二节 《北京市节水条例》的要点 5

第二章 违法行为的认定和执法疑难问题的解读 11

- 案例一 北京市海淀区人民检察院督促整治洗车服务行业违法用水行政公益诉讼案 11
- 案例二 酒店内部景观用水使用自来水案 14
- 案例三 提供洗车服务未使用循环用水设施案 15
- 案例四 施工单位挖漏自来水管线案 17
- 案例五 自来水公司没有及时履职被行政处罚案 18
- 案例六 居民孙某用自来水浇灌果树案 20
- 案例七 未取得临时用水指标擅自用水的行政处罚案 21

- 案例八　公共用水设施非法取水行政处罚案 23
- 案例九　未建设循环用水设施行政处罚案 24
- 案例十　管网混接行政处罚案 25
- 案例十一　现场制售饮用水机未安装尾水回收设施不予
  行政处罚案 28
- 案例十二　北京某汽车服务有限公司提供洗车服务未使用
  循环用水设施案 30
- 案例十三　食品厂拆除水计量设施行政处罚案 31

第二部分　《地下水管理条例》执法疑难问题解读

第三章　《地下水管理条例》概述 34
- 第一节　《地下水管理条例》的出台背景 34
- 第二节　《地下水管理条例》的要点 35

第四章　违法行为的认定和执法疑难问题的解读 45
- 案例一　最高人民检察院发布检察机关高质效履职办案典型之
  七——内蒙古自治区鄂尔多斯市四家煤矿企业超量疏干
  地下水生态环境损害民事公益诉讼案 46

- 案例二 　山西省高级人民法院发布 2021 年环境资源审判典型案例之沁源县人民检察院诉沁源县水利局不履行监管职责行政公益诉讼案................50

- 案例三 　鄂尔多斯市人民检察院发布全区检察机关 2023 年度"为民办实事"公益诉讼典型案例之呼和浩特市人民检察院督促整治违规取用应急水源行政公益诉讼案........52

- 案例四 　未经批准擅自取水以及地下水取水工程未安装计量设施的行政处罚案................54

- 案例五 　某建筑公司未安装取水计量设施案....................56

- 案例六 　北京市顺义区人民政府、北京市顺义区水务局行政处罚（行政行为）及行政复议行政诉讼案.............58

- 案例七 　湖南省安仁县人民检察院督促保护某村地热水资源行政公益诉讼案................68

- 案例八 　涉地下水保护行政公益诉讼的前置程序：检察建议督促行政机关履职案................72

- 案例九 　北京市人民检察院第四分院诉刘某某环境污染地下水民事公益诉讼案................77

- 案例十 　四川省成都市龙泉驿区人民检察院督促整治违法抽取地下水行政公益诉讼案................80

- 案例十一　破坏取水工程计量设施违法处罚案 83
- 案例十二　农民擅自取水被行政处罚案 85
- 案例十三　农村居民为了家庭生活需打井取地下水，
  　　　　　不予行政处罚案 87
- 案例十四　当事人加装"智能水泵控制器"干扰机井
  　　　　　计量设施的行政处罚案 89
- 案例十五　未依照批准的取水许可条件取水的
  　　　　　行政处罚案 91

附录一　北京市节水条例 95

附录二　地下水管理条例 117

第一部分

《北京市节水条例》
执法疑难问题解读

第一章 《北京市节水条例》概述

《北京市节水条例》由北京市第十五届人民代表大会常务委员会第四十五次会议于2022年11月25日通过，自2023年3月1日起施行。

第一节 《北京市节水条例》的出台背景

水是生命之源，是经济社会可持续发展的重要基础。早在2014年3月，习近平总书记提出"节水优先、空间均衡、系统治理、两手发力"的治水思路，为系统解决我国新老水问题、保障国家水安全提供了根本遵循和行动指南。此后，《中共中央关于全面推进依法治国若干重大问题的决定》提出："用严格的法律制度保护生态环境，加快建立有效约束开发行为和促进绿色发展、循环发展、低碳发展的生态文明法律制度，强化生产者环境保护的法律责任，大幅度提高违法成本。建立健全自然资源产权法律制度，完善国土空间开发保护方面的法律制度，制定完善生态补偿和土壤、水、大气污染防治及海洋生态环境保护等法律法规，促进生态文明建设。"《中共中央 国务院关于加快推进生态文明建设的意见》提出："加快建立系统完整的生态文明制度体系，引导、规范和约束各类开发、利用、保护自然资源的行为，用制度保护生态环境。""研究制定节能评估审查、节水、应对气候变化、生态补偿、湿地保护、生物多样性保护、土壤环境保护等方面的法律法规……"

北京是祖国的首都，是我国的政治中心、文化中心、国际交往中心、科技创新中心，然而北京的水资源供需矛盾也较为突出。2011年，《中共北京市委 北京市人民政府关于进一步加强水务改革发展的意见》明确提出要："加强区域协调合作。积极争取国家有关部委的支持和指导，加强与周边地区的水资源战略协调，开展与海河流域、南水北调沿线有关省市的合作，完善在水源保障、水资源保护与配置、防洪调度、水土保持、水生态环境建设等方面的协调机制，提升区域水事协调合作水平。落实相关经费，继续做好境外调水和上游水资源保护利用工作。"全市多年年人均水资源量在100立方米左右,在"南水北调"水进京后,水资源紧张的态势得到了一定程度的缓解,虽然年人均水资源量提高到150立方米左右,但仍远低于联合国认定的年人均水资源量小于500立方米的极度缺水国际标准。

为了贯彻落实国家治水思路和关于治水的重要思想,积极应对水资源紧缺,有必要制定北京市节水管理方面的地方性法规。2021年11月,北京市人大常委会主任会议决定立项。北京市第十五届人大常委会分别于2022年7月、2022年9月、2022年11月,对《北京市节水条例》草案进行了三次审议,并于2022年11月25日通过《北京市节水条例》。

从地域效力上看,《北京市节水条例》适用于北京市行政区域内取水、供水、用水、排水及非常规水源利用全过程节水及其监督管理活动。

《北京市节水条例》的立法考量包括以下两个方面。

第一,节水优先。习近平总书记在主持召开中央财经领导小组第九次会议时提出:"保障水安全,关键要转变治水思路,按照'节水优先、空间均衡、系统治理、两手发力'的方针治水,统筹做好水灾害防治、水资源节约、水生态保护修复、水环境治理。"北京市要落实最严格的水资源管理制度,突出"取、供、用、排"全过程节水优先。

第二,突出北京市特色,坚持问题导向,充分总结北京市先进经验。北京市人民政府在《关于全面推进节水型社会建设的意见》中明确提出要按照"以水定城、以水定地、以水定人、以水定产"的原则和中央城市工作会议部署,统筹空间、规模、产业三大结构,充分发挥水资源对首都经济社会发展的约束引导作用,并在《北京市制定地方性法规条例》中提出:"制定地方性法规应当从实际出发,适应经济社会发展和全面深化改革的要求,遵循和把握客观规律,突出地方特色,增强立法的针对性、适用性和可操作性。"

第二节 《北京市节水条例》的要点

《北京市节水条例》在以下几个重点方面作出了规定。

一、开宗明义,确定了节水工作的原则和政府应尽的职责

《北京市节水条例》明确了"节水工作应当遵循统一规划、总量控制、合理配置、高效利用、循环再生、分类管理的原则";

进一步明确要求北京市人民政府和各区人民政府将节水工作纳入国民经济和社会发展规划和计划，制定节水政策措施，建立健全节水考核评价制度。为严控用水总量，《北京市节水条例》规定，市水务部门应当会同发展改革部门依据国家水资源配置方案和北京城市总体规划、国民经济和社会发展规划、水资源规划等，每五年组织制定全市水资源利用总量控制指标，明确水资源配置总量、水源构成、生产生活用水总量和河湖生态用水配置量等指标，报市人民政府批准后组织实施；水务部门应当会同发展改革部门根据全市水资源利用总量控制指标、经济技术条件等，制订年度生产生活用水计划及水资源配置方案，强化水资源的刚性约束。

根据中共中央、国务院批准的北京市人民政府机构改革方案和《北京市人民政府关于机构设置的通知》等文件，设立北京市水务局。北京市水务局的法定职责为："一、负责保障本市水资源的合理开发利用。贯彻落实国家关于水务工作的法律法规、规章、政策和战略规划。起草本市相关地方性法规草案、政府规章草案，拟订相关政策并组织实施。组织编制水务发展规划和水资源规划、河湖流域规划、南水北调规划、防洪规划，参与编制供水规划、排水规划并组织实施。

二、组织开展本市水资源保护工作。组织编制并实施水资源保护规划。指导饮用水水源保护有关工作，组织开展地下水开发利用和地下水资源管理保护以及地下水超采区综合治理。三、负责本市水文工作。负责水文水资源监测、水文站网建设和管理。对地表水和地下水实施监测，发布水文水资源信息、情报预报和水资源公报。按规定组织开展水资源调查评价和水资源承载能力监测预警工作。四、负责本市生活、生产经营和生态环境用水的统筹和保障。负责水资源的统一配置调度和监督管理。组织实施最严格水资源管理制度，会同有关部门拟订水资源中长期规划和年度供求计划、水量分配方案并监督实施。负责重要流域、区域以及重大调水工程的水资源调度。组织实施取水许可（含矿泉水和地热水）和水影响评价（含水资源论证和防洪论证、水土保持方案审查等），指导开展水资源有偿使用工作，参与水价管理、改革和水生态环境补偿的有关工作。五、按规定制定本市水务工程建设有关制度并组织实施。负责提出水务领域固定资产投资规模、方向、项目安排建议，承担水务领域固定资产投资项目的组织实施和监督管理工作。参与水务资金的使用管理。配合有关部门提出有关水务方面的经济调节政策、措施。

六、负责本市供水、排水行业的监督管理。组织实施排水许可制度。拟订供水、排水行业的技术标准、管理规范并监督实施。组织实施供水、排水行业特许经营。指导农民安全饮水工作。七、负责本市节约用水工作。拟订节约用水政策,组织编制节约用水规划,组织制定有关定额、标准并监督实施。组织实施用水总量控制、计划用水等管理制度,指导和推动节水型社会建设工作。"

二、全过程压实节水的主体责任,并强化可操作性

《北京市节水条例》完善了水资源论证制度、非居民用水户计划管理和定额管理制度、节水设施与主体工程"三同时"(节水设施应当与主体工程同时设计、同时施工、同时投入使用)等制度。

针对取水过程明确规定,加强对取水、输水工程设施的管理和维护,严格控制取水、输水过程中的非正常损失。

针对供水过程明确规定,细化供水单位的节水义务,规定供水单位在制水、管网维护与改造、漏损控制方面的责任;要求供水单位按照国家和北京市有关规定对供水管网进行巡护、检查、维修、管理;强调社会节水监督的作用,及时回应

12345市民服务热线等诉求，向社会公布抢修电话，发现漏损或者接到漏损报告时及时抢修。针对实践中施工挖坏供水管网的问题，《北京市节水条例》规定施工影响公共供水管网安全的，施工单位应当采取保护措施。

针对用水过程明确规定，对居民用水户、非居民用水户实行分类管理；规定用水应当计量、缴费。对于居民用水户，节水条例规定变更居民生活用水用途、阶梯水价的，应当及时向供水单位报告；对于非居民用水户，规定实行用水定额管理、计划用水管理，细化其节水责任。对于行业用水节水，从灌溉、降尘、绿化、制售水，到洗车洗浴、高尔夫球场等高耗水服务业等重点领域，明确了节水措施和要求，增强节水效果。为解决实践中的突出问题，创新性地规定禁止管网错接混接，禁止破坏或者损坏管网；任何单位和个人不得从公共用水设施非法取水用水。

针对排水过程明确规定，强调非常规水源利用，规定加快再生水管网建设，定期公布再生水输配管网覆盖范围和加水设施位置分布；明确再生水管网覆盖范围内的用水户，园林绿化、环境卫生、建筑施工等行业用水，应当使用再生水；规定鼓励回收利用工业废水、配套建设雨水收集利用设施等内容。

三、全民树立共同节水意识，完善监管措施和法律责任

节约用水无小事，事关你我他，强化节水工作是全社会的共同责任。《北京市节水条例》强化日常动态监测和监督管理，发现浪费水资源的行为应当及时处理。例如，鼓励利用雨水、再生水等非常规水源，合理开采地下水；直接从河流、湖泊或者地下取水的单位和个人，依法需要申请取水许可的，应当向水务部门申请；取水单位和个人应当按照取水许可规定条件取水，准确计量，加强取水、输水工程设施管理维护，严格控制取水、输水损失。徒法不足以自行。处罚的目的是教育，是督促的手段。《北京市节水条例》结合北京市的实际情况，根据违法行为的性质、情节和社会危害程度，合理地体现罚当其过的原则，有层次地设定法律责任和处罚措施。

此外，根据法律的位阶的规定，上位法对相关行为已经设定处罚的，《北京市节水条例》不作重复规定，按照上位法执行。

第二章
违法行为的认定和执法疑难问题的解读

本章将通过实操中的一些典型案例,分析违法行为的认定和执法疑难问题的解读。

案例一 》 北京市海淀区人民检察院督促整治洗车服务行业违法用水行政公益诉讼案

洗车服务行业未按规定分类装表计量且未缴纳特殊用水行业水费,造成水资源浪费、减损国家税收的,检察机关可以行政公益诉讼立案,督促相关行政机关依法履职,规范取用水行为。洗车取用水属于特种行业取用水,按照相关规定,应从高定价并征收水资源税。

2023年4月,北京市海淀区人民检察院(以下简称海淀区检察院)在开展洗车行业违法问题治理检察公益诉讼专项监督活动中,依托"检察+水务"协同工作机制,调取相关数据,运用大数据法律监督模型对相关数据信息进行比对碰撞,发现北京市海淀区某汽车园区内提供洗车服务的部分企业可能存在未向水务部门备案循环用水设施的问题。在初步调查中，还发现部分企业存在违法用水问题。

2023年5月19日，海淀区检察院经研判分析，对以上问题以行政公益诉讼立案。通过现场走访查看、询问工作人员、调取水费缴纳记录和发票等方式，海淀区检察院查明园区内12家汽车销售企业使用市政自来水提供洗车服务，未按照规定对不同用途用水分类装表计量，也未按照特殊用水行业水价缴纳水费，而是以非居民用户水价由物业统一代收代缴，造成水资源浪费，减损国家税收，损害了国家利益和社会公共利益。同时，部分企业还存在未按照规定完成循环水设施备案的情况。根据《北京市节水条例》《北京市节约用水办法》（该办法已于2023年6月废止[①]）等相关规定，水务部门对此负有监管职责。2023年6月12日，海淀区检察院向海淀区水务局制发检察建议，建议其依法全面履职，对提供洗车服务的企业存在的问题及时督促整改，同时加强日常监督管理，落实节水要求。

海淀区水务局在收到检察建议后高度重视，组织水务综合执法队、节约用水事务管理中心联合开展执法检查，对存在违

---

① 2023年6月18日，北京市人民政府公布了《北京市人民政府关于废止〈北京市节约用水办法〉等4项政府规章的决定》。

法问题的 12 家企业进行约谈，并下发限时整改通知书，纠正其违法行为。组织召开整改工作推进会，向相关企业解读《北京市节水条例》相关规定，两次赴园区进行指导督导。针对企业提出的洗车用水需求量大、中水管线尚未搭建、分散采购再生水运输成本高等现实困难，检察机关推动水务部门协调辖区内再生水厂与企业签订购买再生水合同，根据各企业用水量分别安装水箱后集中采购，降低企业经营成本。2023 年 8 月，涉案企业均已采用再生水提供洗车服务，完成循环用水设施备案并正常运行。

此后，海淀区水务局以案促改，在全区开展洗车用水执法检查，共计立案查处 31 家洗车服务企业，同时还对辖区内 5 家高尔夫球场的用水情况进行了专项执法检查。

鉴于北京市水资源供需矛盾较为突出，所以其水资源集约节约利用意义重大。检察机关以洗车服务行业违法用水为"小切口"，通过督促行政机关依法履职，纠正企业违法行为，提升企业节水意识，促进水资源保护。在依法监督的同时，检察机关坚持问题导向、疏堵结合，推动行政机关拓宽监管思路，促成企业集中购买再生水，降低经营成本，解决企业经营遇到的现实困难，引导洗车行业规范经营，实现水资源保护的源头治理。

案例二 » 酒店内部景观用水使用自来水案

2022年4月,北京市水务局执法人员在检查时发现位于海淀区北四环中路的某酒店有限公司北京分公司内部的景观环境用水使用自来水。经勘验和询问,自2022年3月以来,当事人在其单位大厅的中央喷泉水景观中一直使用自来水,用水量共20吨。依据《北京市节约用水办法》等相关规定,北京市水务局对该公司作出罚款2万元的行政处罚。

北京是一个缺水的城市,水资源非常紧张,加强节水管理是缓解北京市水资源紧张的重要举措,故根据相关规定,在再生水输配管网覆盖范围内的单位,其内部景观用水应当使用再生水。需要说明的是,2023年3月1日施行的《北京市节水条例》规定的罚款幅度与《北京市节约用水办法》一致,但《北京市节水条例》将单位内部景观环境用水的禁用范围做了扩大,不再局限于自来水,而是将地下水也纳入了禁用的范围。

《北京市节水条例》第三十五条规定:"园林绿化部门应当选择节水耐旱植物品种,优先使用雨水、再生水等非常规水源，逐步减少使用地下水、自来水。园林绿化用水应当采用喷灌、微灌等节水灌溉方式；不具备节水灌溉条件的，应当采取其他节水措施，并有计划地组织开展节水改造。造林项目抚育期满后，由水务部门根据实际情况核算下达用水指标。住宅小区、单位内部的景观用水禁止使用地下水、自来水。"第六十四条规定："违反本条例第三十五条第二款规定，园林绿化用水未采用节水灌溉方式或者未采取其他节水措施，造成浪费用水的，由水务部门责令限期改正；逾期不改正的，处一万元以上五万元以下罚款。违反本条例第三十五条第三款规定，住宅小区、单位内部的景观用水使用地下水、自来水的，由水务部门责令限期改正；逾期不改正的，处一万元以上三万元以下罚款。"

案例三 » 提供洗车服务未使用循环用水设施案

2022年7月，海淀区水务局接到举报线索，某单位提供洗车服务未使用循环用水设施。执法人员现场调查发现，该单位提供洗车服务，已建设循环用水设施但处于停用状态。对此，海淀区水务局责令该单位进行整改，将循环用水设施投入正常使用。依据《北京市节约用水办法》等相关规定，海淀区水务局对该单位作出罚款4000元的行政处罚。

使用循环用水设施或使用再生水作为水源是洗车服务业基于行业特征，适应北京水资源紧缺发展现状的必然要求。在实践中，提供洗车服务的用水单位往往会心存侥幸，误以为循环用水设施出现故障是正常的，不容易被发现，更不会影响正常营业，这种"反正不会被发现"的侥幸心理正是导致该违法行为产生的主要因素。事实上，针对高耗水的特殊用水行业的执法一直在不断加强。根据《北京市节水条例》，洗车行业被明确列入了重点监管对象。《北京市节水条例》第三十八条规定："提供洗车服务的用水户应当建设、使用循环用水设施，并向水务部门报送已建成循环用水设施的登记表；位于再生水输配管网覆盖范围内的，应当使用再生水，并按照要求向水务部门提供再生水供水合同。"第六十七条规定："违反本条例第三十八条规定，提供洗车服务的用水户未建设、使用循环用水设施或者未按照规定使用再生水的，由水务部门责令限期改正，给予警告；逾期不改正的，处一万以上五万元以下罚款；未按照规定向水务部门报送已建成循环用水设施的登记表或者提供再生水供水合同的，由水务部门责令限期改正，给予警告；逾期不改正的，处一千元以下罚款。"

案例四 » 施工单位挖漏自来水管线案

2023年12月，在北京市通州区某小区南侧附近，施工单位将一自来水管线挖漏，影响到附近多个小区40余栋楼5000余户居民的正常供水。有关部门收到举报后，启动应急预案，经过奋力抢修，管线修复完毕，供水恢复正常。挖断供水管线行为涉及水务、应急、市政等多个部门的行政职权，各单位均依法开展了相关工作。通州区水务局立即组织水政监督检查人员进行现场调查，了解到是施工单位在埋设公共供水设施地面上及两侧安全间距内开槽取土，造成供水管线损坏，该行为违反了《北京市城市公共供水管理办法》第十七条第六项之规定，属于违法行为。通州区水务局向该公司下发了"北京市通州区水务局责令限期改正通知书"，要求该公司立即改正，恢复原状。

在整个事件中，该公司的行为造成附近小区居民断水达3

个小时，适用从重处罚。根据《北京市节水条例》第二十条和第五十九条规定，通州区水务局对施工单位给予罚款3万元的行政处罚，当事人在收到"处罚决定书"当日，到银行缴纳了罚款。

《北京市节水条例》第二十五条规定："新建、改建、扩建建设项目开工前，建设单位或者施工单位应当向供水单位查明地下供水管网情况，供水单位应当及时、准确提供相关情况。施工影响公共供水管网安全的，建设单位或者施工单位应当与公共供水单位商定并采取相应的保护措施，由施工单位负责实施。"第五十九条规定："违反本条例第二十五条第二款规定，建设单位或者施工单位未与公共供水单位商定并采取相应的保护措施的，由水务部门责令限期改正，给予警告；逾期不改正的，处二万元以上五万元以下罚款。"

案例五 » 自来水公司没有及时履职被行政处罚案

北京市某区的蒋某承包了一果园，并在果园上自行建了550平方米的房屋，由工人居住使用。2024年4月，果园底下铺设的某自来水公司的管道因年久失修发生爆裂，大量跑水，造成蒋某的房屋被淹，墙体损坏，房屋已经整体下沉，房屋存在重大安全隐患，现已经无法继续居住使用。自来水公司在接到蒋某的报告后，到现场进行了抢修。双方对于损失赔偿问题达成一致意见，自来水公司赔偿蒋某2万元。

《北京市节水条例》第二十一条规定："新建、改建、扩建供水管网应当采用先进工艺和材质。供水单位应当按照国家和北京市有关规定对供水管网进行巡护、检查、维修、管理，并如实记录有关情况，应用先进技术手段提高供水管网安全监测及维护管理水平，减少破损事故发生，控制管网漏损。公共供水管网漏损率应当符合国家和北京市有关规定。供水单位应当及时回应12345市民服务热线等诉求，向社会公布抢修电话，发现漏损或者接到漏损报告时及时抢修。"第五十八条规定："违反本条例第二十一条第二款规定，供水单位未按照国家和北京市有关规定对供水管网进行巡护、检查、维修、管理的，由水务部门责令限期改正，给予警告；逾期不改正的，处一万元以上十万元以下罚款；造成严重后果的，处十万元以上五十万元以下罚款。"根据上述规定，区水务局对自来水公司作出了行政处罚决定，处罚该公司罚款1万元。自来水公司没有申请行政复议也没有提起行政诉讼，自愿缴纳了罚款。

案例六》 居民孙某用自来水浇灌果树案

北京市某区的居民孙某，经常用自来水浇灌别墅院子里的5棵果树和花草，每次用水量大约2吨。孙某自认从2023年4月到9月共计用水25吨。区水务局根据孙某的自认、水表用水量以及相关规定，决定对孙某作出行政处罚，补缴水费1倍的罚款。

《北京市节水条例》第二十八条规定："居民用水户应当自觉遵守下列规定：（一）了解水情水价，增强节水意识；（二）学习节水知识，掌握节水方法，培养节水型生活方式；（三）选用节水型生活用水器具并保障良好运行，不购买国家明令淘汰的落后的、耗水量高的设备和产品；（四）积极配合节水改造，发现跑冒滴漏等情况及时维修。居民生活用水确需变更为非居民用水的，居民用水户应当及时向供水单位报告，纳入非居民用水户管理，单独计量、缴费。农村生活用水应当安装、使用水计量设施，不得免费供水或者实行包费制。"第六十条规定："违反本条例第二十八条第二款规定，居民生活用水变更为非居民用水未及时向供水单位报告的，由水务部门责令限期改正，按照相应的水价限期补缴水费；逾期不改正的，处应补缴水费一倍以上三倍以下罚款。违反本条例第二十八条第三款规定,农村生活用水免费供水或者实行包费制的,由水务部门责令限期改正,给予警告;逾期不改正的,可以按照每户二百元以上五百元以下的标准处以罚款。农村生活用水未安装、使用水计量设施的,由乡镇人民政府责令限期改正。"

区水务局对孙某的罚款具有典型的教育意义,有利于提高居民的节水意识。

案例七 》 未取得临时用水指标擅自用水的行政处罚案

2020年4月28日,北京市水务执法人员对某汽车服务有限公司进行执法检查时,发现该公司使用自来水,但是未能在现场提供已取得用水指标的证明材料。丰台区水务局决定立案,并指派两名执法人员负责调查。经向当事人的被委托人黄某调查确认,该公司经营用水未取得用水指标情况属实。以上事实有当事人陈述、现场检查、询问笔录等证据佐证。丰台区水务局于2020年4月30日向当事人送达了责令限期改正通知书,要求该公司立即停止违法行为,限期于2020年5月15日前补办用水指标。2020年5月15日,丰台区水务局对该公司进行了复查，该单位已补办用水指标。2020年5月21日，丰台区水务局向其送达了行政处罚事先告知书，当事人在法定限期内未提出陈述和申辩意见，至2020年5月28日，该案调查终结。该公司在未取得用水指标的情况下擅自用水，违法事实清楚，证据确凿，应当依法给予行政处罚。

由于该案例发生于2020年，故其适用于当时施行的《北京市节约用水办法》。《北京市节约用水办法》第十二条第二款规定："新增用水单位或者用水单位需要调整用水指标的，应当到节水管理部门申请核定或者调整用水指标。"第四十九条第一款规定："违反本办法第十二条第一款、第二款规定，用水单位未取得用水指标擅自用水的，由节水管理部门责令限期改正、补缴水费，处2万元以上10万元以下罚款。"该公司的行为违反了《北京市节约用水办法》第十二条第二款之规定，故应按照《北京市节约用水办法》第四十九条第一款的规定予以处罚。

如果根据《北京市节水条例》的规定亦应当给予行政处罚。《北京市节水条例》第二十九条规定："非居民用水户应当按照规定向供水单位提供基本信息、用水信息，并按照登记的用水性质用水，遵守定额管理、计划用水管理等制度，按时足额缴费。本市对纳入取水许可管理的单位和用水量较大的非居民用水户用水实行计划用水管理和定额管理相结合的制度。水务部门按照年度生产生活用水计划、行业用水定额和用水户用水情况核算下达用水指标；无行业用水定额的，参照行业用水水平核算下达用水指标。用水可能超出用水指标时，水务部门应当给予警示；超出用水指标百分之二十的，水务部门应当督促、指导。具体办法由市水务部门会同发展改革、财政、税务等部门制定，报市人民政府批准后组织实施。园林绿化、环境卫生、建筑施工等需要临时用水的，应当向水务部门申请临时用水指标。"第六十一条明确规定："违反本条例第二十九条第三款规定，用水单位未依法取得临时用水指标擅自用水的，由水务部门责令限期改正，处二万元以上十万元以下罚款。"

案例八 » 公共用水设施非法取水行政处罚案

2024年接群众举报后查证，刘某驾驶白、蓝色重型载货专项作业车从辛庄南二街与苇子坑路交叉口西南角一处消防设施非法取水，违反了《北京市节水条例》第三十九条第一款的规定，依据《北京市节水条例》第六十八条，水务部门对刘某作出罚款人民币 5000 元的行政处罚。

《北京市节水条例》第三十九条第一款规定："任何单位和个人不得从园林绿化、环境卫生、消防等公共用水设施非法用水。"同时，第六十八条规定："违反本条例第三十九条第一款规定，从园林绿化、环境卫生、消防等公共用水设施非法用水的，由水务部门责令停止违法行为，对单位处一万元以上十万元以下罚款，对个人处一千元以上一万元以下罚款。"

案例九》 未建设循环用水设施行政处罚案

2023 年 3 月 1 日，水务综合执法人员在检查中发现，北京某科技有限公司在北京市石景山区某加油站内提供洗车服务未建设循环用水设施。经查实，自 2023 年 2 月开始，北京某科技有限公司在未建设循环用水设施的情况下提供洗车服务。当事人的行为对水资源造成了浪费，违反了《北京市节水条例》第三十八条的规定，属违法行为。执法人员在复查时发现，当事人已按照"责令限期改正通知书"的要求进行改正，建设了循环用水设施并正常使用。综合案件事实、情节、危害后果等因素，依据《北京市节水条例》第六十七条规定，石景山区水务局对当事人作出处以警告的行政处罚。

《北京市节水条例》第三十八条规定："提供洗车服务的用水户应当建设、使用循环用水设施，并向水务部门报送已建成循环用水设施的登记表；位于再生水输配管网覆盖范围内的，应当使用再生水，并按照要求向水务部门提供再生水供水合同。"第六十七条规定："违反本条例第三十八条规定，提供洗车服务的用水户未建设、使用循环用水设施或者未按照规定使用再生水的，由水务部门责令限期改正，给予警告；逾期不改正的，处一万元以上五万元以下罚款；未按照规定向水务部门报送已建成循环用水设施的登记表或者提供再生水供水合同的，由水务部门责令限期改正，给予警告；逾期不改正的，处一千元以下罚款。"

案例十» 管网混接行政处罚案

2024年7月，北京市某区水务局查实，北京市某物业某区分公司在该区的雨污分流地区将雨水和污水管网相互混接。

该行为违反了《北京市节水条例》第三十二条的规定，同时也违反了《城镇排水与污水处理条例》第十九条第二款的规定，属违法行为。该案例在法律适用方面产生了竞合现象，对此，根据"后法优于先法、特别法优于一般法"的法律冲突适用规则进行法律适用。

首先，《城镇排水与污水处理条例》第十九条规定："除干旱地区外，新区建设应当实行雨水、污水分流；对实行雨水、污水合流的地区，应当按照城镇排水与污水处理规划要求，进行雨水、污水分流改造。雨水、污水分流改造可以结合旧城区改建和道路建设同时进行。在雨水、污水分流地区，新区建设和旧城区改建不得将雨水管网、污水管网相互混接。在有条件的地区，应当逐步推进初期雨水收集与处理，合理确定截流倍数，通过设置初期雨水贮存池、建设截流干管等方式，加强对初期雨水的排放调控和污染防治。"第四十八条规定："违反本条例规定，在雨水、污水分流地区，建设单位、施工单位将雨水管网、污水管网相互混接的，由城镇排水主管部门责令改正，处5万元以上10万元以下的罚款；造成损失的，依法承担赔偿责任。"

其次，《北京市节水条例》第三十二条规定："禁止产生或者使用有毒有害物质的单位将其生产用水管网与供水管网直接连接；禁止将再生水、供暖等非饮用水管网与供水管网连接；禁止将雨水管网、污水管网、再生水管网混接。禁止破坏或者损坏供水管网、雨水管网、污水管网、再生水管网及其附属设施。"第六十三条规定："违反本条例第三十二条第一款规定，有下列行为之一的，由水务部门责令停止违法行为，限期恢复原状或者采取其他补救措施并承担相关费用，对单位处五万元以上十万元以下罚款，对个人处一万元以上五万元以下罚款：（一）产生或者使用有毒有害物质的单位将其生产用水管网与供水管网直接连接的；（二）将再生水、供暖等非饮用水管网与供水管网连接的；（三）将雨水管网、污水管网、再生水管网混接的。违反本条例第三十二条第二款规定，破坏或者损坏供水管网、雨水管网、污水管网、再生水管网及其附属设施的，由水务部门责令改正，恢复原状或者采取其他补救措施，处十万元以下罚款；造成严重后果的，处十万元以上三十万元以下罚款；造成损失的，依法承担赔偿责任；构成犯罪的，依法追究刑事责任。"

最后，根据《北京市节水条例》的规定，北京市某区区水务局对该物业某区分公司作出罚款6万元的行政处罚。

案例十一 » 现场制售饮用水机未安装尾水回收设施不予行政处罚案

2024年6月，北京市水务执法人员在检查中发现，北京市某水处理科技发展有限公司在石景山区某小区内有1台现场制售饮用水机未安装尾水回收设施。该行为违反了《北京市节水条例》第三十六条的规定，属于违法行为。行政执法人员现场依法责令其停止违法行为，限其7天内改正并办理备案手续。7天后，监察人员按程序进行了现场复查，发现该单位已经依法办理了备案手续，并在制售饮用水机上安装了尾水回收设施，按照《北京市节水条例》第六十五条的规定，对该公司不予行政处罚。

《北京市节水条例》第三十六条规定："工业用水应当采用先进技术、工艺、设备和产品，增加循环用水次数，提高水的重复利用率。水的重复利用率应当达到强制性标准。未达到强制性标准的，应当及时进行技术改造。本市严格限制以水为主要原料的生产项目。对已有的以水为主要原料的生产企业，不再增加用水指标。纯净水生产企业产水率应当符合国家和北京市有关规定。以水为主要原料生成高纯度试剂的单位，应当采用节水型生产技术和工艺，减少水资源的损耗，回收利用生产后的尾水。现场制售饮用水的单位和个人应当按照有关标准规范，安装尾水回收设施，对尾水进行利用，不得直接排放尾水，并依照本市有关规定向设施所在地卫生健康部门备案。"第六十五条规定："违反本条例第三十六条第一款、第二款规定，工业用水的重复利用率未达到强制性标准且未及时进行技术改造的，或者纯净水生产企业产水率不符合国家和北京市有关规定的，由水务部门责令限期改正，处一万元以上十万元以下罚款。违反本条例第三十六条第三款规定，以水为主要原料生成高纯度制剂的单位未回收利用生产后的尾水的，由水务部门责令限期改正，处一万元以上十万元以下罚款。违反本条例第三十六条第四款规定，现场制售饮用水的单位或者个人未安装尾水回收设施对尾水进行利用的，由水务部门责令限期改正；逾期不改正的，责令拆除，处五千元以上二万元以下罚款；未按照规定备案的，由卫生健康部门责令限期改正；逾期不改正的，处一千元以上五千元以下罚款。"

案例十二 » 北京某汽车服务有限公司提供洗车服务未使用循环用水设施案

用水户在提供洗车服务时安装并使用循环用水设施，能够有效地提高水资源的利用效率并且能够有效地避免水资源浪费。洗车业循环用水处理设施具有将洗车产生的污水进行回收、过滤、净化后，转变为再生水，而后再次用于洗车服务的功能，具有实现节约用水的特别效果。

2023年3月1日，北京市水务综合执法总队执法人员在检查中发现，北京某汽车服务有限公司在北京市昌平区回龙观镇某底商提供洗车服务时未使用循环用水设施。该行为违反了《北京市节水条例》第三十八条的规定，属违法行为。

《北京市节水条例》第三十八条规定："提供洗车服务的用水户应当建设、使用循环用水设施，并向水务部门报送已建成循环用水设施的登记表；位于再生水输配管网覆盖范围内的，应当使用再生水，并按照要求向水务部门提供再生水供水合同。"对于提供洗车服务时，未建设、使用循环用水设施的行为，按照《北京市节水条例》第六十七条规定进行处罚："违反本条例第三十八条规定，提供洗车服务的用水户未建设、使用循环用水设施或者未按照规定使用再生水的，由水务部门责令限期改正，给予警告；逾期不改正的，处一万元以上五万元以下罚款……"鉴于当事人积极配合执法工作，当场改正违法行为，使用了循环用水设施，北京市水务局依据《北京市节水条例》第六十七条之规定，对该公司作出警告的行政处罚，并于2023年3月1日对其送达了"北京市水务局行政处罚决定书（当场处罚）"，此案执行完毕。

案例十三 » 食品厂拆除水计量设施行政处罚案

2024年6月，北京市水务局执法人员在"双随机"（随机抽取检查对象、随机选派执法检查人员）检查中发现，某食品厂经批准取得使用地下水取水许可手续，但通过深水井进行地下水取水的管路上没有找到水表。虽然该厂工作人员称"水表坏了，正在维修"，但是不能提供水表的编号和2024年1月5日以后的日常取水记录，也不能说出具体水表的维修企业名称。根据《北京市节水条例》第五十二条和第六十九条的规定，执法人员认定该食品厂擅自拆除水计量设施，并结合该厂历史同期取水数量的平均值给予行政罚款1.5万元的行政处罚。

《北京市节水条例》第五十二条规定："供水单位、用水户应当依法使用经检定合格的水计量设施（含远传水计量设施），并保持正常使用；不得擅自停止使用或者拆除水计量设施，不得破坏其准确度。"同时，第六十九条明确规定："违反本条例第五十二条规定，供水单位、用水户擅自停止使用或者拆除水计量设施的，由水务部门责令限期改正，对单位处五千元以上二万元以下罚款，对个人处五百元以上五千元以下罚款；破坏水计量设施准确度的，由水务部门责令限期改正，可以处二千元以下罚款。"

第二部分

《地下水管理条例》
执法疑难问题解读

第三章 《地下水管理条例》概述

《地下水管理条例》经 2021 年 9 月 15 日国务院第 149 次常务会议通过，2021 年 10 月 21 日中华人民共和国国务院令第 748 号公布，自 2021 年 12 月 1 日起施行。

第一节 《地下水管理条例》的出台背景

党中央、国务院高度重视地下水管理工作。地下水具有重要的资源属性和生态功能，在保障我国城乡生产生活供水、支持经济社会可持续发展和维系良好生态环境中具有重要作用。近年来，随着经济社会的快速发展，我国地下水开发利用程度不断加大，部分地区地下水超采和污染问题日渐突出，并由此引发一系列生态环境问题。为有效解决上述问题，需要通过立法完善相关制度，进一步加强地下水管理工作。

水利部在调查研究、总结经验的基础上，起草了《地下水管理条例（送审稿）》，并向社会公开征求意见。司法部先后两次征求有关部门、地方人民政府的意见，并进行调研，召开部门座谈会和专家论证会，在此基础上会同水利部等有关部门反复研究修改，形成了《地下水管理条例（草案）》。2021年9月15日，国务院常务会议审议通过了草案。10月21日，总理签署国务院令，正式公布《地下水管理条例》。

第二节 《地下水管理条例》的要点

一、对地下水管理坚持的原则

《地下水管理条例》作为我国第一部地下水管理的专门行政法规，第一条即开宗明义："为了加强地下水管理，防治地下水超采和污染，保障地下水质量和可持续利用，推进生态文明建设，根据《中华人民共和国水法》和《中华人民共和国水污染防治法》等法律，制定本条例。"

《地下水管理条例》中所称的地下水，是指赋存于地表以下的水。水有三态，这里的水包括液态的水和固态的水。地下水调查与规划、节约与保护、超采治理、污染防治、监督管理等活动，均适用该条例。

地下水管理坚持统筹规划、节水优先、高效利用、系统治理的原则。

二、丰富、完善了地下水节约措施和保护措施

首先，实行地下水取水总量控制与水位控制制度，明确主体责任。《地下水管理条例》规定，国务院水行政主管部门会同国务院自然资源主管部门，根据各省、自治区、直辖市地下水可开采量和地表水水资源状况，制定并下达各省、自治区、直辖市地下水取水总量控制指标。省、自治区、直辖市人民政府水行政主管部门应当会同本级人民政府有关部门，根据国家下达的地下水取水总量控制指标，制定本行政区域内县级以上行政区域的地下水取水总量控制指标和水位控制指标，经省、自治区、直辖市人民政府批准后下达实施，并报国务院水行政主管部门或者其授权的流域管理机构备案。县级以上地方人民政府（设区的市、行政公署、市辖区、县、旗）应当根据地下水取水总量控制指标、地下水水位控制指标和国家相关技术标准，合理确定本行政区域内地下水取水工程布局。省、自治区、直辖市人民政府水行政主管部门制定本行政区域内地下水取水

总量控制指标和地下水水位控制指标时，涉及省际边界区域且属于同一水文地质单元的，应当与相邻省、自治区、直辖市人民政府水行政主管部门协商确定。协商不成的，由国务院水行政主管部门会同国务院有关部门确定。

其次，明确取水、用水过程中节约用水的要求。要求地方人民政府发展节水农业，提高农业用水效率；城市人民政府应当因地制宜采取有效措施，推广节水型生活用水器具，鼓励使用再生水，提高用水效率。要求取用地下水的单位和个人遵守取水总量控制和定额管理要求，使用先进节约用水技术、工艺和设备，采取循环用水、综合利用及废水处理回用等措施，实施技术改造，降低用水消耗。"对下列工艺、设备和产品，应当在规定的期限内停止生产、销售、进口或者使用：（一）列入淘汰落后的、耗水量高的工艺、设备和产品名录的；（二）列入限期禁止采用的严重污染水环境的工艺名录和限期禁止生产、销售、进口、使用的严重污染水环境的设备名录的。"新建、改建、扩建地下水取水工程，应当同时安装计量设施。已有地下水取水工程未安装计量设施的，应当按照县级以上地方人民政府水行政主管部门规定的期限安装。单位和个人取用地下水量达到取水规模以上的，应当安装地下水取水在线计量设施，并将计量数据实时传输到有管理权限的水行政主管部门。取水规模由省、自治区、直辖市人民政府水行政主管部门制定、公布,并报国务院水行政主管部门备案。

再次,对开采地下水采取史上最严格的控制制度。《地下水管理条例》第二十五条明确规定:"有下列情形之一的,对取用地下水的取水许可申请不予批准:(一)不符合地下水取水总量控制、地下水水位控制要求;(二)不符合限制开采区取用水规定;(三)不符合行业用水定额和节水规定;(四)不符合强制性国家标准;(五)水资源紧缺或者生态脆弱地区新建、改建、扩建高耗水项目;(六)违反法律、法规的规定开垦种植而取用地下水。"第三十四条规定:"有下列情形之一的,应当划为地下水限制开采区:(一)地下水开采量接近可开采量的区域;(二)开采地下水可能引发地质灾害或者生态损害的区域;(三)法律、法规规定限制开采地下水的其他区域。"第三十五条规定:"除下列情形外,在地下水禁止开采区内禁止取用地下水:(一)为保障地下工程施工安全和生产安全必须进行临时应急取(排)水;(二)为消除对公共安全或者公共利益的危害临时应急取水;(三)为开展地下水监测、勘探、试验少量取水。除前款规定的情形外,在地下水限制开采区内禁止新增取用地下水，并逐步削减地下水取水量；前款规定的情形消除后，应当立即停止取用地下水。"

最后，强化运用经济手段的调节作用，严防污染、强化保护措施。明确地下水水资源税费的征收原则，要求地下水取水工程依法安装计量设施。《地下水管理条例》要求建设单位和个人应当采取措施防止地下工程建设对地下水补给、径流、排泄等造成重大不利影响；明确除特殊情形外，禁止开采难以更新的地下水；城乡建设应当统筹地下水水源涵养和回补需要，按照海绵城市建设的要求，推广海绵型建筑、道路、广场、公园、绿地等，逐步完善滞渗蓄排等相结合的雨洪水收集利用系统；河流、湖泊整治应当兼顾地下水水源涵养，加强水体自然形态保护和修复。

《地下水管理条例》第四十条规定："禁止下列污染或者可能污染地下水的行为：（一）利用渗井、渗坑、裂隙、溶洞以及私设暗管等逃避监管的方式排放水污染物；（二）利用岩层孔隙、裂隙、溶洞、废弃矿坑等贮存石化原料及产品、农药、危险废物、城镇污水处理设施产生的污泥和处理后的污泥或者其他有毒有害物质；（三）利用无防渗漏措施的沟渠、坑塘等输送或者贮存含有毒污染物的废水、含病原体的污水和其他废弃物；

(四)法律、法规禁止的其他污染或者可能污染地下水的行为。"

第四十一条规定:"企业事业单位和其他生产经营者应当采取下列措施,防止地下水污染:(一)兴建地下工程设施或者进行地下勘探、采矿等活动,依法编制的环境影响评价文件中,应当包括地下水污染防治的内容,并采取防护性措施;(二)化学品生产企业以及工业集聚区、矿山开采区、尾矿库、危险废物处置场、垃圾填埋场等的运营、管理单位,应当采取防渗漏等措施,并建设地下水水质监测井进行监测;(三)加油站等的地下油罐应当使用双层罐或者采取建造防渗池等其他有效措施,并进行防渗漏监测;(四)存放可溶性剧毒废渣的场所,应当采取防水、防渗漏、防流失的措施;(五)法律、法规规定应当采取的其他防止地下水污染的措施。根据前款第二项规定的企业事业单位和其他生产经营者排放有毒有害物质情况,地方人民政府生态环境主管部门应当按照国务院生态环境主管部门的规定,商有关部门确定并公布地下水污染防治重点排污单位名录。地下水污染防治重点排污单位应当依法安装水污染物排放自动监测设备,与生态环境主管部门的监控设备联网,并保证监测设备正常运行。"

三、对于不同违法行为的处罚种类和幅度的设置梯度有序，罚当其过；教育为本，以罚促管

根据党中央、国务院关于用重典治理环境违法行为的要求，《地下水管理条例》对利用岩层孔隙、裂隙、溶洞、废弃矿坑等贮存石化原料及产品、农药、危险废物，在泉域保护范围等特殊区域内新建、改建、扩建造成地下水污染的建设项目等违法行为，规定了严格且明确的法律责任。对未经批准擅自取用地下水，或者利用逃避监管的方式排放水污染物等违法行为，与水法、水污染防治法、土壤污染防治法、取水许可和水资源费征收管理条例等法律、行政法规的处罚作了衔接。基本的法则表现如下。

第五十四条规定："县级以上地方人民政府，县级以上人民政府水行政、生态环境、自然资源主管部门和其他负有地下水监督管理职责的部门有下列行为之一的，由上级机关责令改正，对负有责任的主管人员和其他直接责任人员依法给予处分：（一）未采取有效措施导致本行政区域内地下水超采范围扩大，或者地下水污染状况未得到改善甚至恶化；（二）未完成本行政区域内地下水取水总量控制指标和地下水水位控制指标；（三）对地下水水位低于控制水位未采取相关措施;(四)发现违法行为或者接到对违法行为的检举后未予查处;(五)有其他滥用职权、玩忽职守、徇私舞弊等违法行为。"

第五十六条规定:"地下水取水工程未安装计量设施的,由县级以上地方人民政府水行政主管部门责令限期安装,并按照日最大取水能力计算的取水量计征相关费用,处10万元以上50万元以下罚款;情节严重的,吊销取水许可证。计量设施不合格或者运行不正常的,由县级以上地方人民政府水行政主管部门责令限期更换或者修复;逾期不更换或者不修复的,按照日最大取水能力计算的取水量计征相关费用,处10万元以上50万元以下罚款;情节严重的,吊销取水许可证。"

第五十七条规定:"地下工程建设对地下水补给、径流、排泄等造成重大不利影响的,由县级以上地方人民政府水行政主管部门责令限期采取措施消除不利影响,处10万元以上50万元以下罚款;逾期不采取措施消除不利影响的,由县级以上地方人民政府水行政主管部门组织采取措施消除不利影响,所需费用由违法行为人承担。地下工程建设应当于开工前将工程建设方案和防止对地下水产生不利影响的措施方案备案而未备案的,或者矿产资源开采、地下工程建设疏干排水应当定期报送疏干排水量和地下水水位状况而未报送的,由县级以上地方人民政府水行政主管部门责令限期补报;逾期不补报的,处2万元以上10万元以下罚款。"

第五十八条规定:"报废的矿井、钻井、地下水取水工程,或者未建成、已完成勘探任务、依法应当停止取水的地下水取水工程,未按照规定封井或者回填的,由县级以上地方人民政府或者其授权的部门责令封井或者回填,处10万元以上50万元以下罚款;不具备封井或者回填能力的,由县级以上地方人民政府或者其授权的部门组织封井或者回填,所需费用由违法行为人承担。"

第五十九条规定:"利用岩层孔隙、裂隙、溶洞、废弃矿坑等贮存石化原料及产品、农药、危险废物或者其他有毒有害物质的,由地方人民政府生态环境主管部门责令限期改正,处10万元以上100万元以下罚款。利用岩层孔隙、裂隙、溶洞、废弃矿坑等贮存城镇污水处理设施产生的污泥和处理后的污泥的,由县级以上地方人民政府城镇排水主管部门责令限期改正,处20万元以上200万元以下罚款,对直接负责的主管人员和其他直接责任人员处2万元以上10万元以下罚款;造成严重后果的,处200万元以上500万元以下罚款,对直接负责的主管人员和其他直接责任人员处 5 万元以上 50 万元以下罚款。在泉域保护范围以及岩溶强发育、存在较多落水洞和岩溶漏斗的区域内，新建、改建、扩建造成地下水污染的建设项目的，由地方人民政府生态环境主管部门处 10 万元以上 50 万元以下罚款，并报经有批准权的人民政府批准，责令拆除或者关闭。"

第六十条规定："侵占、毁坏或者擅自移动地下水监测设施设备及其标志的，由县级以上地方人民政府水行政、自然资源、生态环境主管部门责令停止违法行为，限期采取补救措施，处 2 万元以上 10 万元以下罚款；逾期不采取补救措施的，由县级以上地方人民政府水行政、自然资源、生态环境主管部门组织补救，所需费用由违法行为人承担。"

第六十一条规定："以监测、勘探为目的的地下水取水工程在施工前应当备案而未备案的，由县级以上地方人民政府水行政主管部门责令限期补办备案手续；逾期不补办备案手续的，责令限期封井或者回填，处 2 万元以上 10 万元以下罚款；逾期不封井或者回填的，由县级以上地方人民政府水行政主管部门组织封井或者回填，所需费用由违法行为人承担。"

第四章
违法行为的认定和执法疑难问题的解读

地下水保护及违法行为的认定是全国性问题。根据中华人民共和国水利部 2021 年统计，我国地下水保护利用还存在两方面突出问题。一方面是局部超采严重。目前，全国 21 个省、自治区、直辖市存在不同程度的超采问题，个别地区甚至存在开采深层地下水问题，超采导致地下水水位下降、含水层疏干、水源枯竭，引发地面沉降、河湖萎缩、海水入侵、生态退化等问题[1]。另一方面是污染问题突出，城镇生活污水、工业废水排放以及农业面源污染导致地下水污染。除水文、地质、化学背景影响外，污染是影响地下水水质的主要原因。地下水更新慢，超采、污染问题治理修复难度大。通过对全国范围内发生的案例进行解读，为北京市地下水类案处理时，统一法律适用标准提供参考，进而维护当事人的合法权益和国家法制统一、

---

[1] 吉蕾蕾. 21 省份存在不同程度问题 超采污染地下水将承担法律责任[EB/OL]. (2021-11-23). https://www.xinhuanet.com/energy/20211123/83b7a16b464e479d92ac14cc87af323a/c.html.

尊严、权威。同时为保护当事人隐私，本书对于采用的案例当事人相关信息进行了脱敏处理。

案例一 » 最高人民检察院发布检察机关高质效履职办案典型之七——内蒙古自治区鄂尔多斯市四家煤矿企业超量疏干地下水生态环境损害民事公益诉讼案

2019年至2021年，位于内蒙古自治区鄂尔多斯市某地区地下水超采区内的四家煤矿企业违反《地下水管理条例》规定，未依法安装煤矿疏干（把含水层中的水位降到生产工作面标高以下，或有计划地将水源和水部分或全部疏出的过程，从而彻底消除在采掘过程中涌水的可能性）退水计量设施，且未在取水证有效期内重新提出取水申请，超出取水许可证批复的疏干水量共计732.43万立方米，导致煤矿周边地下水水位下降，对地下水生态环境造成严重损害，损害了国家利益和社会公共利益。

2022年4月，中央生态环境保护督察组在督察内蒙古自治区时发现，鄂尔多斯市某地区违法取水用水问题突出，地下水位下降严重，水生态状况堪忧。最高人民检察院将案件线索逐级交办至鄂尔多斯市人民检察院（以下简称鄂尔多斯市院）。2022年4月18日，鄂尔多斯市院将线索交办鄂托克旗人民检察院（以下简称鄂托克旗院）。鄂托克旗院对违法取水用水、煤矿超量疏干问题进行初步调查核实，并于2022年10月10日立案办理。

为确定四家煤矿企业超量疏干的违法行为对水生态环境造成的影响，由水利部牧区科学研究所（以下简称牧科所）进行鉴定评估。针对涉及损害类型复杂，以资源服务功能减弱为主要表现特征，牧科所利用同位素指纹识别技术与常规水文地球化学技术方法进行生态损害程度评估，并以水资源置换等值分析法对生态损害价值进行量化，出具了《某地区四家煤矿疏干水超量疏干生态环境损害评估报告》，得出四煤矿企业超量疏干对奥灰含水层造成的生态环境损害费用共计431.56万元。

经发布公告，无适格主体提起诉讼，鄂托克旗院将案件移送鄂尔多斯市院审查起诉。2023年10月11日，鄂尔多斯市院向鄂尔多斯市中级人民法院提起诉讼，诉请判令四家煤矿企业依法赔偿因疏干水超量疏干造成的生态环境损害费用及本案的评估费用，并在自治区媒体上公开赔礼道歉。同年10月25日，内蒙古自治区人民检察院召开四家煤矿疏干水超量疏干生态损害评估报告技术审查会，与会专家及有关单位一致同意四家煤矿疏干水水量超量疏干生态损害鉴定评估通过技术审查。

2023年12月12日，鄂尔多斯市中级人民法院对该案公开审理。庭审中，检察机关出示被告违法行为、国家利益和社会公共利益受损情况、评估意见等证据，并申请鉴定人出庭对专业问题进行说明。公益诉讼起诉人对案件争议焦点，即煤矿疏干水是否具有主观过错、因生产安全被动疏干是否具有违法性、企业接受行政处罚并补缴水资源税是否还应继续承担生态环境损害赔偿等进行答辩，指出根据《地下水管理条例》《取水许可管理办法》规定，矿井疏干是煤矿企业应按照行政审批进行疏干，如需超量疏干，则应及时报请主管行政机关备案并对取水许可证进行变更。被告持续三年超批复退水，未重新提出取水申请，且未安装计量设施，超量疏干地下水行为损害了国家利益和社会公共利益。经评估，被告行为间接导致该地区地下水水位下降，对该地区生态环境造成损害。根据《中华人民共和国民法典》第一千二百二十九条、一千二百三十五条等规定，四家煤矿企业应当承担生态环境损害修复费用、生态环境损害鉴定评估费用、赔礼道歉等其侵权责任。2023年12月29日，鄂尔多斯市中级人民法院依法作出判决，全部支持公益诉讼起诉人的诉讼请求。

一是煤矿企业超量疏干地下水应承担生态环境损害赔偿责任。行政机关依法对四家煤矿企业超量疏干地下水的违法行为作出罚款、责令停止违法行为并要求补缴水资源税的行政处罚，案涉四家煤矿企业已补缴水资源税近2亿元。四家煤矿企业在承担行政责任的同时，应依法承担地下水生态环境损害赔偿责任。检察机关通过邀请专业机构采用原环境保护部《生态环境损害鉴定评估推荐方法（第Ⅱ版）》中推荐优先使用的资源等值分析方法，对地下水生态环境损害价值进行精准核算，作为法院审理案件的参考依据。

二是加强技术性证据审查论证。鉴于涉案地下水生态环境损害为新类型问题且疑难重大复杂，内蒙古自治区人民检察院对专业机构出具的评估意见探索开展技术审查论证工作。由自治区、市两级检察机关办案人员出席技术审查论证会，邀请专家共同对专业机构出具的地下水生态环境损害评估意见进行论证。随后，检察机关组织评估意见专家技术审查会，在质询和讨论环节，检察机关特邀专家围绕地下水生态环境损害的技术审查核心问题，深入分析研判评估意见的科学性与合理性，并对评估意见提出完善意见建议。

案例二 » 山西省高级人民法院发布2021年环境资源审判典型案例之沁源县人民检察院诉沁源县水利局不履行监管职责行政公益诉讼案

2018年2月7日，山西某煤矿取得"取水许可证"，许可取用孔隙地下水15.62万立方米/年。2019年至2022年，山西某煤矿连年超许可取用孔隙地下水。沁源县水利局作为行政主管部门，于2021年2月7日对山西某煤矿2019年度、2020年度超许可取水违法行为作出罚款8万元的行政处罚，但未履行责令停止违法行为等监管职责，致使山西某煤矿超许可取用孔隙地下水的违法行为持续存在。沁源县人民检察院以沁源县水利局对山西某煤矿超许可取用孔隙地下水的行为未全面履行监督管理职责，致使社会公共利益受到侵害为由，向沁源县人民法院提起行政公益诉讼。

在沁源县人民法院审理期间，沁源县人民检察院于2022年2月23日以沁源县水利局已依法全面履职、社会公共利益得到有效保护为由向沁源县人民法院提交撤回起诉决定书。沁源县人民法院在详细了解沁源县水利局后续处理方法，实地了解沁源县水利局履职情况后，依法准予沁源县人民检察院依法撤回起诉，并向沁源县水利局发出司法建议。

本案为检察机关起诉行政机关对违法超采地下水行为不作为的行政公益诉讼案件。山西是全国水资源贫乏省份之一，地下水是该省重要的供水水源，在支撑山西经济社会发展和维系生态环境等方面具有十分重要的作用，长期无序开采地下水，会造成区域地下水超采严重，引发系列生态与环境地质问题。为了进一步减少地下水开采量，省政府专门制订了《山西省地下水超采综合治理行动方案》，坚决打击无证取水，超许可取水等非法取水行为。本案山西某煤矿为了获取企业利润，违反《地下水管理条例》规定，连年超许可取用孔隙地下水的行为，损害了地下水的资源利用。沁源县人民法院在案件审理过程中，能够发挥审判职能，遵循行政公益诉讼司法理念，准确把握公益诉讼的目的，在沁源县人民检察院提交撤回起诉决定书后，通过实地查看，了解到山西某煤矿已停止超许可取水行为，确认公益目的已经实现，于是依法准予沁源县人民检察院依法撤回起诉，并于结案后及时向沁源县水利局发出司法建议，避免类似情况的发生。通过本案判决，有效地促进了行政部门依法履职，对企业违法超许可取用地下水的行为给予警示，对促进水资源的保护和依法利用有较好的教育与示范作用。

案例三 » 鄂尔多斯市人民检察院发布全区检察机关2023年度"为民办实事"公益诉讼典型案例之呼和浩特市人民检察院督促整治违规取用应急水源行政公益诉讼案

"量水而行、节水优先"是黄河流域生态保护和高质量发展的主要原则之一，针对以应急名义违法违规取用地下水问题，检察机关督促行政机关依法履职，强化应急水资源管理，促进水资源节约集约利用。

呼和浩特市某学校长期违规从应急水源取用地下水。2022年5月，呼和浩特市水务局（以下简称市水务局）对该学校作出行政处罚，责令其停止违法行为并缴纳罚款3万元。此后，该学校虽停止取用地下水但未缴纳罚款。同年9月，该学校提出临时应急用水申请，市水务局同意其申请但未采取监管措施。2022年9月至2023年3月，该学校从应急备用水源井共取水

12.47万立方米。

呼和浩特市人民检察院（以下简称呼和浩特市检察院）在落实政协委员提案过程中发现该线索。根据《地下水管理条例》第三条、第二十七条和《内蒙古自治区地下水保护和管理条例》第十一条的规定，应急取用地下水应当符合为消除对公共安全或者公共利益的危害以及与之相当的条件，在应急情形消除后应当立即停止取用地下水。根据《地下水管理条例》第五条、《内蒙古自治区地下水保护和管理条例》第六条的规定，市水务局对辖区内地下水资源负有监管职责。2023年4月6日，呼和浩特市检察院对市水务局行政公益诉讼立案。

2023年4月27日，呼和浩特市检察院与市水务局、学校召开磋商会，就取用应急水源事实及问题整改进行磋商。同年5月12日，呼和浩特市检察院向市水务局制发检察建议，督促其依法全面履行对案涉应急供水水源井的监管职责；加强对其他应急水源的监管，对违法使用应急水源的情况及时作出处理，充分保护地下水资源；督促违法行为人及时缴纳罚款。

2023年6月30日，市水务局对检察建议作出书面回复。案涉学校已缴纳罚款，并按照招标程序开展二次供水加压工程建设，确保城市管网供水能够及时启用；市水务局强化水源井监督管理，制定《呼和浩特市水源井取水管理办法（试行）》，在全市开展地下水超采区应急治理行动，封闭城区管网覆盖范围内自备井26眼，封闭工业园区自备井20眼。

我国实行严格的水资源管理制度。应急水源是为了应对突发事件解决居民生存和生活用水的水源。应急使用后，应当立即停止用水并按要求封存。违规取用应急水源，可能造成应急功能退化，影响城市用水安全。检察机关切实发挥公益诉讼职能，督促行政机关加强应急地下水管理，促进应急水源使用规范化、制度化。

案例四》 未经批准擅自取水以及地下水取水工程未安装计量设施的行政处罚案

2023年9月，北京市水务综合执法人员接到上级机关交办案件线索。有群众反映某公司从位于朝阳区金盏乡东苇路39号的三眼机井内非法取用地下水，执法人员在接到举报后于当日立案，进一步开展案件调查。经调查发现，某公司负责经营管理的高尔夫俱乐部院内有三眼机井，且未取得水行政主管部门批准的取水行政许可手续。其中的一眼机井已安装计量设施，显示取水量为 27509 立方米，其余两眼机井未安装计量设施。该公司存在两项违法行为——未经批准擅自取水以及地下水取水工程未安装计量设施，分别违反了《中华人民共和国水法》和《地下水管理条例》的规定。

关于未经批准擅自取水行为的违法性和处罚，《中华人民共和国水法》第四十八条规定："直接从江河、湖泊或者地下取用水资源的单位和个人，应当按照国家取水许可制度和水资源有偿使用制度的规定，向水行政主管部门或者流域管理机构申请领取取水许可证，并缴纳水资源费，取得取水权。但是，家庭生活和零星散养、圈养畜禽饮用等少量取水的除外。"第六十九条规定："有下列行为之一的，由县级以上人民政府水行政主管部门或者流域管理机构依据职权，责令停止违法行为，限期采取补救措施，处二万元以上十万元以下的罚款；情节严重的，吊销其取水许可证：（一）未经批准擅自取水的；（二）未依照批准的取水许可规定条件取水的。"

关于地下水取水工程未安装计量设施行为的违法性和处罚，《地下水管理条例》第二十二条规定："新建、改建、扩建地下水取水工程，应当同时安装计量设施。已有地下水取水工程未安装计量设施的，应当按照县级以上地方人民政府水行政主管部门规定的期限安装。单位和个人取用地下水量达到取水规模以上的，应当安装地下水取水在线计量设施，并将计量数据实时传输到有管理权限的水行政主管部门。取水规模由省、自治区、直辖市人民政府水行政主管部门制定、公布，并报国务院水行政主管部门备案。"第五十六条规定："地下水取水工程未安装计量设施的，由县级以上地方人民政府水行政主管部门责令限期安装，并按照日最大取水能力计算的取水量计征相关费用，处10万元以上50万元以下罚款；情节严重的，吊销取水许可证。"

最后，北京市水务局对涉案公司未经批准擅自取水行为，罚款人民币10万元；对地下水取水工程未安装计量设施行为，罚款人民币36万元，最终，合并处罚人民币46万元。

案例五 » 某建筑公司未安装取水计量设施案

2022年2月，北京市房山区水务局执法人员在检查中发现，北京某建筑工程有限公司施工降水井未安装计量设施，共计88眼降水井，每眼降水井的取水泵管径均为1寸，每日取水量约 6000 吨，情节较为严重。根据《地下水管理条例》第二十二条和第五十六条的规定并结合降水日取水量较大，情节较为严重的违法事实，房山区水务局对该公司作出罚款 50 万元的行政处罚。

《地下水管理条例》第二十二条规定："新建、改建、扩建地下水取水工程，应当同时安装计量设施。已有地下水取水工程未安装计量设施的，应当按照县级以上地方人民政府水行政主管部门规定的期限安装。单位和个人取用地下水量达到取水规模以上的，应当安装地下水取水在线计量设施，并将计量数据实时传输到有管理权限的水行政主管部门。取水规模由省、自治区、直辖市人民政府水行政主管部门制定、公布，并报国务院水行政主管部门备案。"第五十六条规定："地下水取水工程未安装计量设施的，由县级以上地方人民政府水行政主管部门责令限期安装，并按照日最大取水能力计算的取水量计征相关费用，处 10 万元以上 50 万元以下罚款；情节严重的，吊销取水许可证。"

案例六 » 北京市顺义区人民政府、北京市顺义区水务局行政处罚（行政行为）及行政复议行政诉讼案[①]

2022年9月26日，北京市顺义区水务局对北京某公司作出行政处罚决定书（顺水罚字〔2022〕第××号）。该行政处罚决定书的主要内容如下：2022年7月14日14时20分，顺义区水务局执法人员现场检查北京市顺义区天北路赵全营段33号楼33号院取用水情况。经现场检查，此地块由北京某公司承租经营，该公司办公楼南侧80米处有自备井一眼，且测得自备井坐标，该自备井安装有计量设施，取水管径为50毫米。经核实，北京某公司利用此井正在取水，2022年5月至今共计取水25立方米，该公司没有申请领取取水许可证，无权取水。该公司未经批准擅自取水的行为，违反了《中华人民共和国水法》第四十八条第一款的规定，属于违法行为。上述事实有全程录像、现场检查笔录、询问笔录等证据佐证。2022年7月14日，顺义区水务局执法人员向该公司送达了北京市顺

[①] 材料来源：〔2024〕京0113行初105号行政诉讼案。

义区水务局责令限期改正通知书（顺水改字〔2022〕第××号）、北京市顺义区水务局责令停止违法行为通知书（顺水停字〔2022〕第××号）。2022年8月12日，执法人员对该公司下发了北京市顺义区水务局行政处罚事先告知书（顺水罚告字〔2022〕第××号）。该公司在被告知后五日内没有提出陈述、申辩的意见。该公司未经批准擅自利用自备井取水的行为，事实清楚，证据确凿，累计取水量为25立方米。顺义区水务局按照《北京市常用水行政处罚裁量基准表》第一部分表8（取水量≤30立方米），根据《中华人民共和国水法》第六十九条第（一）项的规定，于2022年9月26日决定对该公司作出处罚款人民币贰万元整（￥20000.00）的行政处罚。该公司自接到该处罚决定书之日起15日内持行政处罚缴款书以现金或转账方式将罚款缴至中国工商银行。如确有经济困难，可自收到本处罚决定书之日起15日内，向顺义区水务局申请延期或者分期缴纳罚款，经批准可以暂缓或者分期缴纳。逾期不缴纳罚款也未申请延期或者分期缴纳罚款的，顺义区水务局将依据《中华人民共和国行政处罚法》第七十二条第一款第（一）项的规定，每日按罚款数额的百分之三加处罚款。如不服该处罚决定，可在接到处罚决定书之日起60日内向北京市顺义区人民政府申请复议，也可以在6个月内直接向某人民法院提起诉讼。逾期不申请复议也不提起行政诉讼，又不履行处罚决定的，顺义区水务局将依法申请法院强制执行。复议或诉讼期间，该处罚决定不停止执行。

2023年6月20日，顺义区水务局到北京某公司进行现场检查并制作现场检查笔录、两份证据材料登记表。现场检查笔录记载：2023年6月20日9时40分，顺义区水务局执法人员许某某、孙某出示证件表明身份，现场检查北京某公司取用水情况。经查，北京某公司办公楼南侧80米处有自备井一眼，自备井使用者正是该公司，且测得自备井坐标，该自备井安装有计量设施，井口直径300毫米，取水管径为50毫米，检查时水计量设施读数为取水1009立方米。北京某公司利用此井正在取水，经初步核实，该公司没有申请领取取水许可证，无权取水。北京某公司的法定代表人殷某某在现场参与了检查，并在现场检查笔录、两份证据材料登记表上签字、捺印确认。同日，顺义区水务局向北京某公司作出责令停止违法行为通知书，认定北京某公司存在未经批准擅自取水的行为，涉嫌违反了《中华人民共和国水法》第四十八条第一款的规定，要求北京某公司立即停止违法行为，听候处理。同日，顺义区水务局向北京某公司作出责令限期改正通知书，责令北京某公司于2023年7月20日前到水行政主管部门申请领取取水许可证。同日，顺义区水务局对北京某公司发出约谈通知书，要求北京某公司于2023年6月27日到北京市顺义区水务综合执法队配合调查。顺义区水务局于上述文书作出当日向北京某公司直接送达，殷某某在上述文书的送达回证上签字、捺印确认。同日，顺义区水务局经审批决定对北京某公司取水没有申请取水许可证的行为立案进一步调查。

2023年7月26日，顺义区水务局对北京某公司法定代表人殷某某进行询问并制作询问笔录。询问过程中，顺义区水务局工作人员告知了北京某公司享有申请回避、陈述、申辩等相关权利、义务。询问中，殷某某称北京市顺义区天北路的某一地块产权属于李某某。2022年4月，北京某公司从李某某手里承租了此地块。2022年6月21日，北京某公司在该地块正式营业，主要经营再生资源回收等，目前北京市顺义区该地块的经营管理者是北京某公司，没有其他租户。北京某公司在上述地块经营用水来源取自院内办公楼南侧80米处的一眼自备井。这眼自备井取水管径为50毫米，水泵型号不知道，安装有计量设施，但由于北京某公司尚未正常营业，故缺少有效手续，没有申请取水许可证，也未缴纳水资源税（费）。北京某公司从2022年5月开始从此眼自备井取水，主要用于洗衣服、消防用水，但只是偶尔使用，不常用。北京某公司从2022年5月至此次水务局调查时取水量有1009立方米，上述用水量大部分用于2023年3月28日着火时消防用水，目前该公司仍在利用此井继续取水。北京某公司知道取水应当到水行政主管部门申请领取取水许可证，顺义区水务工作人员也多次督促过，要求该公司抓紧办理取水许可证。2022年9月，该公司因擅自取水一事被水务部门处罚2万元。此次北京某公司积极配合水务局调查工作，积极办理取水许可的相关手续。殷某某在询问笔录上签字、捺印确认。2023年7月26日，殷某某在水行政案件权利义务告知书上签字、捺印确认。同日，顺义区水务局到北京某公司进行现场复查并制作现场复查笔录，现场复查笔录记载：2023年7月26日9时25分，顺义区水务局执法人员许某某、孙某出示证件表明身份，对北京某公司利用自备井取水没有申请领取取水许可证一事进行复查。经现场复查，北京某公司在规定时间内未取得取水许可证。殷某某在现场复查笔录上签字、捺印确认。

2023年7月26日，顺义区水务局对北京某公司作出并直接送达了行政处罚事先告知书，告知了北京某公司拟对其进行行政处罚的事实、法律依据、证据、处罚结果以及其享有的陈述、申辩的权利。北京某公司未提出陈述和申辩。

2023年9月4日，顺义区水务局对北京某公司利用自备井取水没有申请领取取水许可证的行为应进行的行政处罚进行集体讨论并形成集体讨论记录。通过集体讨论，参加人员一致同意对北京某公司处罚款8.1万元的行政处罚。同日，顺义区水务局对北京某公司作出被诉行政处罚决定书，主要内容如前所述。

2023年9月6日，顺义区水务局向北京某公司直接送达了被诉行政处罚决定书。

2023年9月21日，赵全营镇某村村民委员会出具证明，主要内容为：北京某公司于2023年3月28日凌晨3点左右发生火灾进行自救，因火势过大于凌晨4点左右进行119火灾报案。共有消防中队及26个微型消防站进行抢救，消防中队及各微型消防站于10分钟后到达，消防中队于28日早8点左右撤离，各微型消防站于9点左右进行撤离，特此证明。赵全营镇某村村民委员会在该证明上盖章，但该证明上没有赵全营镇某村村民委员会负责人及制作证明材料的人员签名或者盖章。

北京某公司对顺义区水务局作出的被诉行政处罚决定书不服，于2023年10月8日向顺义区人民政府邮寄提交行政复议申请，请求撤销被诉行政处罚决定书。同日，顺义区人民政府收到北京某公司提交的行政复议申请书及相关材料。2023年10月13日，顺义区人民政府向顺义区水务局作出并送达了行政复议答复通知书，要求顺义区水务局于收到该通知书之日起10日内，向顺义区人民政府提交书面答复、有关证据、依据和其他有关材料。2023年10月20日，顺义区水务局向顺义区人民政府提交了行政复议答复书及相关材料。

2023年11月30日，顺义区人民政府作出行政复议延期通知书，因情况复杂，决定延长案件审理期限30日。次日，顺义区人民政府将该行政复议延期通知书直接送达给顺义区水务局，并向北京某公司邮寄送达该行政复议延期通知书，北京某公司于2023年12月5日签收。

2023年12月29日，经有关负责人批准后，顺义区人民政府作出被诉行政复议决定书，维持了顺义区水务局作出的被诉行政处罚决定书。2024年1月3日，顺义区人民政府将被诉行政复议决定书直接送达顺义区水务局。2024年1月5日，顺义区人民政府将被诉行政复议决定书邮寄送达北京某公司。北京某公司于 2024 年 1 月 8 日签收。

北京某公司不服复议决定，在法定期限内向北京市顺义区人民法院提起涉案之诉。

北京市顺义区人民法院认为，根据《最高人民法院关于适用〈中华人民共和国行政诉讼法〉的解释》第一百三十五条第一款的规定，复议机关决定维持原行政行为的，人民法院应当在审查原行政行为合法性的同时，一并审查复议决定的合法性。据此，本案审查的内容有二：一是顺义区水务局作出的被诉行政处罚决定书是否合法，二是顺义区人民政府作出的行政复议决定书是否合法。

首先，关于顺义区水务局作出的被诉行政处罚决定书是否合法。

《中华人民共和国水法》第十二条第四款规定："县级以上地方人民政府水行政主管部门按照规定的权限，负责本行政区域内水资源的统一管理和监督工作。"依据上述规定，顺义区水务局作为顺义区水行政主管部门，具有对辖区内水资源管理和监督的法定职权。

《中华人民共和国水法》第六十九条第（一）项规定："有下列行为之一的，由县级以上人民政府水行政主管部门或者流域管理机构依据职权,责令停止违法行为,限期采取补救措施,处二万元以上十万元以下的罚款;情节严重的,吊销其取水许可证:(一)未经批准擅自取水的;(二)未依照批准的取水许可规定条件取水的。"《北京市水行政处罚裁量基准》第十七条第一款第(十二)项规定:"从重处罚的情形:……(十二)三次及以上实施违法行为,或者在违法行为被行政处罚后两年内,再次实施同一违法行为的;……"《北京市常用水行政处罚裁量基准表》第一部分表8规定,《水行政处罚实施办法》第四十三条规定,水行政处罚机关应当自立案之日起九十日内作出水行政处罚决定。本案中,北京某公司主张其在2023年3月28日因火灾自救取用了自备井的水,但其未能证明用于火灾自救的用水量。在顺义区水务局对北京某公司的询问中表明,北京某公司自述其利用这眼自备井取水主要是用于洗衣服、消防用水……北京某公司2022年5月至此次水务局调查时取水量有1009立方米,上述用水量大部分用于2023年3月28日着火时消防用水;北京某公司利用此井取水没有申请取水许可证;上述地块没有别的水源,目前北京某公司仍在利用此井继续取水。即除了2023年3月28日火灾自救用水外,北京某公司仍存在其他的未经批准擅自利用自备井取水的行为。顺义区水务局现场检查发现北京某公司存在未经批准擅自利用自备井取水的行为，且顺义区水务局曾于2022年9月6日对北京某公司实施未经批准擅自利用自备井取水的行为作出行政处罚决定，即北京某公司于两年内再次实施了同一违法行为。依据上述法律、法规，顺义区水务局在法定期限内向北京某公司作出并送达了被诉行政处罚决定书，其认定事实清楚，程序合法，适用法律正确，处罚幅度适当。

北京某公司的主张无事实依据，北京市顺义区人民法院不予支持。

其次，关于顺义区人民政府作出的行政复议决定书是否合法。

《中华人民共和国行政复议法》第十二条第一款规定："对县级以上地方各级人民政府工作部门的具体行政行为不服的，由申请人选择，可以向该部门的本级人民政府申请行政复议，也可以向上一级主管部门申请行政复议。"据此，顺义区人民政府作为顺义区水务局的本级人民政府具有作出行政复议决定书的法定职权。本案中，北京某公司申请行政复议后，顺义区人民政府依法履行了立案、审查、告知、延长期限、送达等程序，其复议程序符合法律规定，复议结果亦无不当。

综上所述，顺义区水务局作出的被诉行政处罚决定书及顺义区人民政府作出的行政复议决定书，均认定事实清楚，适用法律法规正确，程序合法。北京某公司的诉讼请求缺乏事实和法律依据，北京市顺义区人民法院不予支持。依照《中华人民共和国行政诉讼法》第六十九条之规定，判决驳回原告北京某公司的诉讼请求。

案例七 » 湖南省安仁县人民检察院督促保护某村地热水资源行政公益诉讼案

针对地热水、永久基本农田等多种自然资源遭到破坏的情形，检察机关依法督促负有不同监管职责的水利、自然资源、农业农村、市场监管、属地政府等行政机关依法全面履职、联动执法，推动对违法取水、非法经营、乱占耕地等问题开展系统治理。

2010年以来，湖南省安仁县某村31家温泉经营场所未申领取水许可证、未办理采矿许可证、未缴纳水资源费、未办理营业执照，违法占用永久基本农田钻井取用地热水，开展温泉经营活动。附近部分永久基本农田出现塌陷沉降问题，存在地质灾害安全隐患，严重破坏地热水资源。

2021年4月初，湖南省安仁县人民检察院（以下简称安仁县院）接到群众举报后，查明该县某村有村民非法取水用于温泉经营活动，侵害自然资源，遂依法立案调查。安仁县院通过现场走访勘验、调取执法材料、询问相关人员，查明：2016年至2020年，某镇人民政府多次联合职能部门对涉案温泉店进行整治但效果甚微；涉案行为违反了《中华人民共和国水法》《取水许可和水资源费征收管理条例》《中华人民共和国矿产资源法实施细则》《矿产资源补偿费征收管理规定》等有关地下水资源开发、利用、保护和管理的规定，破坏了地质生态环境，危及群众生命财产安全，损害了国家利益和社会公共利益。2021年4月29日，安仁县院向安仁县水利局发出诉前检察建议，建议其采取有效措施依法制止某村31家温泉店非法取水破坏地热水资源的违法行为，并对辖区内非法取水现象进行全面排查、严厉打击，加大对依法取水用水政策和观念的宣传引导。针对部分温泉店存在的占用永久基本农田取水、无营业执照违法经营等问题，安仁县院同步向该县自然资源、农业农村、市场监管、属地乡镇政府等发出诉前检察建议，督促履职整改。针对部分温泉店为抽取地热水资源在基本农田里搭建大量电杆电线影响群众安全等问题,安仁县院向安仁县发展和改革局发出综合治理检察建议,督促加强电力行政执法力度,监督电力企业完善供电制度,防止发生安全事故。收到检察建议后,安仁县水利局等行政机关主动向政府汇报,在县政府的主导下制订专项整治行动工作方案,成立工作领导小组,责令有关部门联合对31家温泉店进行全面整治,督促修复被破坏的水渠、机耕路、农田。目前涉案31家非法取水温泉店已经关闭,非法取水设施已全部拆除,被破坏的永久基本农田已经全部恢复种植条件,相关问题得到全面系统治理。之后,安仁县政府就某村地热水资源的合理开发利用进一步作出部署,引进具备资质的企业进行开发经营,促进就业,带动当地旅游、餐饮、特色农产品交易等行业的发展。

特别说明:《地下水管理条例》于2021年12月1日起施行,但本案发生在这个时间节点之前,因此本案的处理没有适用相关规定。以上案例如果发生在今天,则应当适用《地下水管理条例》的有关规定进行行政处罚。

《地下水管理条例》第二十二条规定:"新建、改建、扩建地下水取水工程,应当同时安装计量设施。已有地下水取水工程未安装计量设施的,应当按照县级以上地方人民政府水行政主管部门规定的期限安装。单位和个人取用地下水量达到取水规模以上的，应当安装地下水取水在线计量设施，并将计量数据实时传输到有管理权限的水行政主管部门。取水规模由省、自治区、直辖市人民政府水行政主管部门制定、公布，并报国务院水行政主管部门备案。"第五十一条规定："县级以上地方人民政府水行政主管部门应当会同本级人民政府自然资源等主管部门，根据水文地质条件和地下水保护要求，划定需要取水的地热能开发利用项目的禁止和限制取水范围。禁止在集中式地下水饮用水水源地建设需要取水的地热能开发利用项目。禁止抽取难以更新的地下水用于需要取水的地热能开发利用项目。建设需要取水的地热能开发利用项目，应当对取水和回灌进行计量，实行同一含水层等量取水和回灌，不得对地下水造成污染。达到取水规模以上的，应当安装取水和回灌在线计量设施，并将计量数据实时传输到有管理权限的水行政主管部门。取水规模由省、自治区、直辖市人民政府水行政主管部门制定、公布。对不符合本条第一款、第二款、第三款规定的已建需要取水的地热能开发利用项目，取水单位和个人应当按照水行政主管部门的规定限期整改，整改不合格的，予以关闭。"第五十二条规定："矿产资源开采、地下工程建设疏干排水量达到规模的，应当依法申请取水许可，安装排水计量设施，定期向取水许可审批机关报送疏干排水量和地下水水位状况。疏干排水量规模由省、自治区、直辖市人民政府制定、公布。为保障矿井等地下工程施工安全和生产安全必须进行临时应急取（排）水的，不需要申请取水许可。取（排）水单位和个人应当于临时应急取（排）水结束后5个工作日内，向有管理权限的县级以上地方人民政府水行政主管部门备案。矿产资源开采、地下工程建设疏干排水应当优先利用，无法利用的应当达标排放。"

案例八》 涉地下水保护行政公益诉讼的前置程序：检察建议督促行政机关履职案

2010年10月，三亚金某混凝土有限公司（以下简称金某混凝土公司）未经批准开凿两口新井，每口井的设计出水量为每小时20立方米。该公司2017年、2018年、2019年1月至8月混凝土生产量分别为288529.32立方米、368183.1立方米、121707.06立方米，自来水用水量分别为3707立方米、18323立方米、12640立方米。根据混凝土生产用水配比，扣减其自来水用量，该公司违法取用地下水量明显超出法律规定应当办理取水许可证和缴纳水资源费的最低标准，即年取水量 1000 立方米的限定。《中华人民共和国水法》第六十九条规定："有下列行为之一的，由县级以上人民政府水行政主管部门或者流域管理机构依据职权，责令停止违法行为，限期采取补救措施，处二万元以上十万元以下的罚款；情节严重的，吊销其取水许可证：（一）未经批准擅自取水的；（二）未依照批准的取水许可规定条件取水的。"金某混凝土公司违法行为证据确凿充分。

2016 年 9 月、2018 年 8 月，三亚市水务局先后两次督促三亚市海棠区海洋水务局（以下简称海棠区海洋水务局）对金某混凝土公司涉嫌违法取用地下水资源的行为进行查处，该局均未依法采取相应措施，国家利益和社会公共利益持续遭受损害。

2019 年 5 月，三亚市城郊人民检察院（以下简称三亚城郊院）在调查金某混凝土公司扬尘污染问题时，发现该公司存在违法取用地下水的行为，多次走访三亚市水务局沟通取证，全面了解前期行政履职情况。2019 年 7 月 23 日，三亚城郊院决定进行行政公益诉讼立案，通过勘验拍照、询问证人等方式固定现场证据，调取水务部门巡查履职等材料。2019年7月26日，向海棠区海洋水务局发出诉前检察建议，建议依法履行水资源保护职责，查处金某混凝土公司等主体的违法行为。海棠区海洋水务局未能在法定期限内回复。经多次督促后，海棠区海洋水务局于2019年10月31日回函称，金某混凝土公司等6家混凝土生产企业年取水量均未超过1000立方米，无须办理取水许可证及缴纳水资源费，已对上述违规取水企业作出限期拆除（封闭）通知书。三亚城郊院对此跟进发现，海棠区海洋水务局虽然封闭了地下取水井口，但未依法履行罚款和追缴水资源费等职责。

根据海南省高级人民法院关于集中管辖的规定，三亚城郊院将该案提请三亚市人民检察院（以下简称三亚市院）审查起诉。2019年12月23日，三亚市院向三亚市中级人民法院提起行政公益诉讼，请求判令海棠区海洋水务局继续履行职责，依法查处金某混凝土公司取用地下水的违法行为、追缴水资源费，并作出相应的行政处罚，督促落实到位。针对金某混凝土公司违法取用地下水的年取水量是否超过1000立方米的焦点问题，三亚市院提供了该公司2017年至2019年的混凝土生产量、供水记录，并根据该公司的混凝土基准配水比进一步论证其年用水量已经远超1000立方米。三亚市中级人民法院经过审理，采信检察机关意见，认定海棠区海洋水务局回函中"该6家混凝土企业（含金某混凝土公司）年度地下水取水量很少或未取用地下水"的结论是在未经认真调查核实的情况下作出的，海棠区海洋水务局应依法对涉案公司违规取用地下水的行为进行处罚。诉讼过程中，海棠区海洋水务局对金某混凝土公司追缴水资源费44396元、处罚金30000元，并全部履行到位。三亚市院依法变更诉讼请求为确认行政行为违法。2020年5月23日，三亚市中级人民法院判决支持检察机关诉讼请求。

行政公益诉讼的前置程序是检察建议督促行政机关履职，行政机关不依法履行职责的，由人民检察院提起公益诉讼，根据公益诉讼司法实践，后来司法解释进一步作出了具体规定。《最高人民法院 最高人民检察院关于办理海洋自然资源与生态环境公益诉讼案件若干问题的规定》（法释〔2022〕15号）[①]第五条规定："人民检察院在履行职责中发现对破坏海洋生态、海洋水产资源、海洋保护区的行为负有监督管理职责的部门违

---

① 2021年12月27日最高人民法院审判委员会第1858次会议、2022年3月16日最高人民检察院第十三届检察委员会第九十三次会议通过，自2022年5月15日起施行。

法行使职权或者不作为，致使国家利益或者社会公共利益受到侵害的，应当向有关部门提出检察建议，督促其依法履行职责。有关部门不依法履行职责的，人民检察院依法向被诉行政机关所在地的海事法院提起行政公益诉讼。"这就是日常所称的"先礼后兵""自纠优先"的公益诉讼原则。

特别说明：《地下水管理条例》于2021年12月1日起施行，但本案发生在这个时间节点之前，因此本案的处理没有适用相关规定。以上案例如果发生在今天，则应当适用《地下水管理条例》的有关规定进行行政处罚。《地下水管理条例》第五十五条规定："违反本条例规定，未经批准擅自取用地下水，或者利用渗井、渗坑、裂隙、溶洞以及私设暗管等逃避监管的方式排放水污染物等违法行为，依照《中华人民共和国水法》、《中华人民共和国水污染防治法》、《中华人民共和国土壤污染防治法》、《取水许可和水资源费征收管理条例》等法律、行政法规的规定处罚。"第五十六条规定："地下水取水工程未安装计量设施的，由县级以上地方人民政府水行政主管部门责令限期安装，并按照日最大取水能力计算的取水量计征相关费用，处10万元以上50万元以下罚款；情节严重的，吊销取水许可证。计量设施不合格或者运行不正常的，由县级以上地方人民政府水行政主管部门责令限期更换或者修复；逾期不更换或者不修复的，按照日最大取水能力计算的取水量计征相关费用，处 10 万元以上 50 万元以下罚款；情节严重的，吊销取水许可证。"

案例九 » 北京市人民检察院第四分院诉刘某某环境污染地下水民事公益诉讼案

刘某某于 2016 年 11 月至 2018 年 7 月在北京市通州区某地租用的一院内进行非法电镀生产，并将电镀洗件过程中产生的废水直接通过暗管排至车间外的渗坑内。经检测，暗管内污水中六价铬浓度、镀锌清洗液废水中总锌浓度、镀铬清洗液废水中六价铬浓度均超过《水污染物综合排放标准》的排放限值，其行为违反了《中华人民共和国环境保护法》《中华人民共和国水污染防治法》《中华人民共和国土壤污染防治法》的相关规定。2019 年 7 月 4 日，北京市通州区人民法院作出刑事判决，以污染环境罪判处刘某某有期徒刑一年并处罚金 20 万元。该判决已生效。

因环境污染尚未得到修复治理，通州区人民检察院将本案线索移送北京市人民检察院第四分院（以下简称北京市检四分院）审查起诉。北京市检四分院于 2020 年 5 月 8 日立案，6 月 18 日履行诉前公告程序。

经通州区人民检察院申请，北京市人民检察院委托生态环境部环境规划院环境风险与损害鉴定评估研究中心（现名"生态环境部环境规划院生态环境风险损害鉴定评估研究中心"，以下简称环规院鉴定中心）就刘某某污染环境行为对区域生态环境造成的损害程度、修复周边生态环境所需的费用进行鉴定评估。2020 年 4 月 20 日，环规院鉴定中心出具了《通州某电镀作坊环境污染损害调查与鉴定评估报告》（以下简称《评估报告》）。

2021 年 3 月 24 日，北京市检四分院经现场查看，涉案地块并未得到修复和治理，环境受污染的状态仍在持续，遂于 2021 年 7 月 15 日向北京市第四中级人民法院提起民事公益诉讼，请求判令刘某某对其造成的生态环境损害在合理期限内予以修复，如到期未修复则承担修复土壤生态环境、地下水生态环境所需费用共计 1125.4 万元，承担生态环境损害鉴定评估费用 61.5194 万元；在全国性媒体上就其破坏生态环境的行为公开赔礼道歉。

北京市第四中级人民法院经审理认为，依据《中华人民共和国侵权责任法》第 10 条规定，刘某某关于其租用该院落之前有他人亦从事过电镀，污染环境民事责任不应由其单独承担的抗辩意见不能成立。环规院鉴定中心具备鉴定资质，《评估报告》委托单位与其是否具备证明效力无关，对刘某某以环规院鉴定中心不是司法鉴定机构，委托鉴定评估的单位是北京市人民检察院而非北京市检四分院为由主张的《评估报告》存在严重瑕疵的抗辩意见不予采信。环境民事公益诉讼的目的在于通过及时改善与修复的方式保护生态环境。本案中，刘某某非法经营电镀作坊并排放污染物的行为对当地土壤及地下水造成损害为不争的事实。生态环境受损危及社会公共利益，北京市检四分院代表公共利益提出诉讼，相应诉讼请求均具有法律依据。2022 年 1 月 12 日，北京市第四中级人民法院作出判决，支持检察机关提出的全部诉讼请求。该判决已生效。

为深入贯彻落实我国关于保障国家水安全的方针政策和部署，加强水利领域检察公益诉讼工作，推动新时代治水兴水工作高质量发展，最高人民检察院与水利部共同制定了《关于建立健全水行政执法与检察公益诉讼协作机制的意见》。这一制度的建立，在于强调"由检察机关提起公益诉讼，有利于优化司法职权配置、完善行政诉讼制度,也有利于推进法治政府建设"。中央全面深化改革领导小组第十二次会议指出,检察机关要牢牢抓住公益这个核心,重点是对生态环境和资源保护、国有资产保护、国有土地使用权出让、食品药品安全等领域造成国家利益和社会公共利益受到侵害的案件提起民事或行政公益诉讼,更好地维护国家利益和人民利益。党的十九届四中全会明确要求拓展公益诉讼案件范围,完善生态环境公益诉讼制度。

案例十 » 四川省成都市龙泉驿区人民检察院督促整治违法抽取地下水行政公益诉讼案

四川省成都市龙泉驿区人民检察院(以下简称龙泉驿区院)走访发现,四川某洗涤公司成立于2017年5月23日,主要从事耗水量较大的酒店用品洗涤业务,年营业额300余万元。该公司未办理地下水取水许可,擅自在厂区钻井抽取地下水用于生产经营,破坏、污染水资源,违反了《中华人民共和国水法》等法律法规。相关部门未依法履行地下水资源保护监管职责,未及时查处该公司违法行为,导致地下水资源长期受损,侵害公共利益。

龙泉驿区院于 2020 年 2 月 26 日立案，通过询问公司负责人、现场勘验、向案涉地村民小组了解情况、向成都市龙泉驿区水务局调取行政许可手续等调查取证工作，证实四川某洗涤公司在未取得取水许可的情况下违法抽取地下水用于生产经营，相关职能部门未依法查处，违反了《中华人民共和国水法》第四十八条、第六十九条之规定。据此，龙泉驿区院于 2020 年 4 月 22 日向该区水务局发出行政公益诉讼诉前检察建议，建议其履行地下水资源保护职责，依法查处四川某洗涤公司违法抽取地下水的行为。成都市龙泉驿区水务局于 2020 年 4 月 23 日向涉案公司下达责令限期整改通知书，责令该公司在 7 日内停止违法行为，又于同年 5 月 3 日作出罚款 2 万元的行政处罚决定。之后，该公司停止了违法行为并全额缴纳罚款。

为确保四川某洗涤公司能继续正常生产经营，龙泉驿区院与该公司所在的西河街道办事处、成都市龙泉驿区自来水公司等单位沟通协商，推动乡镇自来水管网铺设规划工作。在多方努力下，2020 年 6 月，四川某洗涤公司接入自来水管网，其生产经营用水难问题得以彻底解决。

结合本案办理，成都市人民检察院（以下简称成都市院）于2020年5月在全市检察机关开展为期1年的违法抽取地下水问题整治专项监督活动，成都市各区人民检察院、成都市人民检察院共发出诉前检察建议45件。2021年6月2日，成都市院向成都市水务局提出社会治理检察建议，建议对违法抽取地下水问题开展行业整顿。成都市水务局收到检察建议后，部署开展了违法抽取地下水专项整治行动，印发《成都市取用水管理监督检查工作方案》，重点对城乡接合部、农村、工业园区及用水量较大的行业开展专项监督检查，共发现无取水许可证取水272户。相关问题已全部完成整改，水务部门对案涉企业罚款共计69.7万元。同时，全市水务部门与市场监管、属地街道乡镇等单位建立违法取水问题整治联动工作机制。一是全面排查全市所有地下水取水口取水计量设施的安装情况，对全市1918个地下水取水口全部安装取水计量设施，所有地下水纸质取水许可证全部转换成电子证照；二是开展全市水资源监测体系总体方案编制工作，加快建立覆盖地下水、地表水取水口的监测计量体系，依托成都市水务局的"智慧水务"平台建立水资源信息化管理系统，提升取用水管理的精细化水平；三是在"世界水日""中国水周"

开展法治宣传 20 余次，发放宣传资料 6000 余份，宣传水资源相关法律法规及管理制度，切实提高全社会节约保护水资源的意识。

特别说明：《地下水管理条例》于 2021 年 12 月 1 日起施行，但本案发生在这个时间节点之前，因此本案的处理没有适用相关规定。以上案例如果发生在今天，则也应当适用《中华人民共和国水法》的有关规定进行行政处罚。关于没有取得取水许可证的处罚，《地下水管理条例》没有相应规定。《地下水管理条例》第五十五条规定："违反本条例规定，未经批准擅自取用地下水，或者利用渗井、渗坑、裂隙、溶洞以及私设暗管等逃避监管的方式排放水污染物等违法行为，依照《中华人民共和国水法》、《中华人民共和国水污染防治法》、《中华人民共和国土壤污染防治法》、《取水许可和水资源费征收管理条例》等法律、行政法规的规定处罚。"

案例十一» 破坏取水工程计量设施违法处罚案

2023 年 6 月，北京市某区水政执法人员在日常巡查时，发现某村使用的机电井计量设施供电线路被破坏，其目的是躲避水行政主管部门远程监控机电井,该村破坏机电井取水计量设施供电线路的行为违反了《地下水管理条例》第五十六条的规定,构成违法。《地下水管理条例》第五十六条规定:"地下水取水工程未安装计量设施的,由县级以上地方人民政府水行政主管部门责令限期安装,并按照日最大取水能力计算的取水量计征相关费用,处10万元以上50万元以下罚款;情节严重的,吊销取水许可证。计量设施不合格或者运行不正常的,由县级以上地方人民政府水行政主管部门责令限期更换或者修复;逾期不更换或者不修复的,按照日最大取水能力计算的取水量计征相关费用,处10万元以上50万元以下罚款;情节严重的,吊销取水许可证。"根据目的解释和体系解释的规则,破坏取水工程计量设施的本质就是"计量设施运行不正常"的表现,因此某区水务局作出首先责令该村限期予以修复,逾期不修复的给予该村行政罚款10万元的处罚。

法律适用过程中必然伴随着法律解释,其中目的解释是法律解释最重要的方法,任何解释都或多或少包含了目的解释;当不同的解释方法得出多种结论或不能得出妥当结论时,最终由目的解释决定取舍。目的解释又称论理解释,是指按照立法精神,根据具体案件中的违法行为,从逻辑上进行的解释，即从当前社会发展的需要出发，以实现合理的目的所进行的解释。例如，《地下水管理条例》第五十六条第一款规定："地下水取水工程未安装计量设施的，由县级以上地方人民政府水行政主管部门责令限期安装，并按照日最大取水能力计算的取水量计征相关费用，处10万元以上50万元以下罚款；情节严重的，吊销取水许可证。"这条规范的立法目的就是实现取水量的有效控制，假如故意安装没有任何计量功能的假的计量表，在目的解释下，这种行为就应当定性为"未安装计量设施"。

案例十二 » 农民擅自取水被行政处罚案

2023年9月，北京市某区水政执法人员接到群众举报，在北京市某区一农田存在一起未经批准擅自取水行为。经调查，刘某某于2020年3月在自己的承包地里打井一眼，小口径机电井（管径1.2寸，约3.99厘米）。经常取地下水用于农田灌溉。其无法出具相关取水许可证明材料，属于违法取水。刘某某未经批准擅自取水的行为违反了《中华人民共和国水法》第四十八条的规定。北京市某区水利局依法对其处以罚款人民币2万元的行政处罚,并责令限期拆除取水设施,征收水资源费4万元。

《中华人民共和国水法》第四十八条第一款规定:"直接从江河、湖泊或者地下取用地下水资源的单位和个人,应当按照国家取水许可制度和水资源有偿使用制度的规定,向水行政主管部门或者流域管理机构申请领取取水许可证,并交纳水资源费,取得取水权,但是,家庭生活和零星散养、圈养畜禽饮用等少量取水的除外。"《中华人民共和国水法》第六十九条规定:"未经批准擅自取水的,由县级以上人民政府水行政主管部门或者流域管理机构依据职权,责令停止违法行为,限期采取补救措施,处二万元以上十万元以下的罚款;情节严重的,吊销其取水许可证:(一)未经批准擅自取水的;(二)未依照批准的取水许可规定条件取水的。"

《地下水管理条例》第五十六条规定:"地下水取水工程未安装计量设施的,由县级以上地方人民政府水行政主管部门责令限期安装,并按照日最大取水能力计算的取水量计征相关费用,处10万元以上50万元以下罚款;情节严重的,吊销取水许可证。计量设施不合格或者运行不正常的,由县级以上地方人民政府水行政主管部门责令限期更换或者修复;逾期不更换或者不修复的，按照日最大取水能力计算的取水量计征相关费用，处10万元以上50万元以下罚款；情节严重的，吊销取水许可证。"这里所称"地下水取水工程未安装计量设施的"包括经批准取得取水许可证的和没有经过批准取得取水许可证的擅自非法取水的工程，均应当安装计量设施。未安装计量设施的，由县级以上地方人民政府水行政主管部门责令限期安装，并按照日最大取水能力计算的取水量计征相关费用，处10万元以上50万元以下罚款。

案例十三 » 农村居民为了家庭生活需打井取地下水，不予行政处罚案

北京某区水务局接到12345转交的违法线索：有居民举报北京某区农民王某在自家院子内擅自打压水井一眼，取水管径1寸（约2.54厘米）。每天早晚人工压力取水饮用、喂食饲养的3头猪和20多只鸡，每日取水量约0.5立方米。经查，举报基本属实，该水井是2000年建房时开凿的。区水务局决定不予行政处罚，理由如下。

《中华人民共和国水法》第四十八条第一款规定："直

接从江河、湖泊或者地下取用水资源的单位和个人，应当按照国家取水许可制度和水资源有偿使用制度的规定，向水行政主管部门或者流域管理机构申请领取取水许可证，并缴纳水资源费，取得取水权。但是，家庭生活和零星散养、圈养畜禽饮用等少量取水的除外。"这条规定体现了"原则性与灵活性相结合"的立法原则，法律是有温度的。《取水许可和水资源费征收管理条例》[①]第四条规定："下列情形不需要申请领取取水许可证：（一）农村集体经济组织及其成员使用本集体经济组织的水塘、水库中的水的；（二）家庭生活和零星散养、圈养畜禽饮用等少量取水的；（三）为保障矿井等地下工程施工安全和生产安全必须进行临时应急取(排)水的；（四）为消除对公共安全或者公共利益的危害临时应急取水的；（五）为农业抗旱和维护生态与环境必须临时应急取水的。前款第（二）项规定的少量取水的限额，由省、自治区、直辖市人民政府规定；第（三）项、第（四）项规

---

① 经2006年1月24日国务院第123次常务会议通过，2006年2月21日中华人民共和国国务院令第460号公布，自2006年4月15日起施行，根据2017年3月1日《国务院关于修改和废止部分行政法规的决定》修订。

定的取水，应当及时报县级以上地方人民政府水行政主管部门或者流域管理机构备案；第（五）项规定的取水，应当经县级以上人民政府水行政主管部门或者流域管理机构同意。"

但此时需要注意，如果农民王某开凿的是机井，就要区别对待了。《北京市实施〈中华人民共和国水法〉办法》第十七条第一款规定："开凿机井应当经水务部门批准。"同时第四十四条规定："违反本办法第十七条规定，未经批准开凿机井的，或者未依照批准的取水许可规定条件取水的，由水务部门责令停止违法行为，限期补办手续，并处二万元以上六万元以下的罚款；逾期不补办手续的，责令封井。"同时期北京市也有一位村民，因为私自打井灌溉果园，被举报后查实无误，最后罚款2万元。

案例十四》 当事人加装"智能水泵控制器"干扰机井计量设施的行政处罚案

2024年7月，北京市水务局执法人员在日常巡查中，发现北京某食品有限公司院内的2眼机井计量存在异常。执法人员立即赶赴现场勘验，发现该公司所使用的2眼机井，均存在加装"智能水泵控制器"干扰机井计量设施的违法违规行为。加装"智能水泵控制器",是一种新型干扰机井计量、非法盗取水资源的新技术手段。执法人员对该公司非法加装的 2 部"智能水泵控制器"进行拆除,计量恢复正常。当事人当场对自己的违法行为供认不讳,对违法事实无异议,自愿接受处罚并补缴未计量的水资源费。执法人员当场下发责令改正违法行为通知书,责令当事人丁某某立即停止违法行为并及时纠正违法行为,执法人员对违法当事人进行了引导教育。

该公司的上述行为违反了《地下水管理条例》第二十二条第一款关于新建、改建、扩建地下水取水工程,应当同时安装计量设施;已有地下水取水工程未安装计量设施的,应当按照县级以上地方人民政府水行政主管部门规定的期限安装的规定。《地下水管理条例》第五十六条规定:"地下水取水工程未安装计量设施的,由县级以上地方人民政府水行政主管部门责令限期安装,并按照日最大取水能力计算的取水量计征相关费用,处 10 万元以上 50 万元以下罚款;情节严重的,吊销取水许可证。计量设施不合格或者运行不正常的,由县级以上地方人民政府水行政主管部门责令限期更换或者修复;逾期不更换或者不修复的，按照日最大取水能力计算的取水量计征相关费用，处 10 万元以上 50 万元以下罚款；情节严重的，吊销取水许可证。"

案例十五» 未依照批准的取水许可条件取水的行政处罚案

北京市某区某饮用水有限公司与北京市某区某粮实业有限公司签订协议，约定在 2008 年至 2023 年期间，北京市某区某饮用水有限公司租赁北京市某区某粮实业有限公司场地、房屋配套设施（含自备井），租金为每年 5 万元，并向北京市某区某粮实业有限公司提供生活用水。双方协议租赁期内，北京市某区某粮实业有限公司自备井管道安装有计量设施，但北京市某区某饮用水有限公司于 2020 年未经北京市某区某粮实业有限公司同意，在北京市某区某粮实业有限公司不知情的情况下未安装计量设施，并私自加装暗管取用地下水用于生活、经营（开采矿泉水并销售）。2023 年 10 月，经公安机关介入，北京市某区某饮用水有限公司将安装的暗管进行了拆除。北京市某区某饮用水有限公司私自加装暗管取用地下水的行为构成了擅自取用地下水的违法行为。

北京市某区某粮实业有限公司虽办理有取水许可证，年批准的取水许可量为1万立方米。经核定，北京市某区某粮实业有限公司某粮库2021年取水量为13800立方米，超许可取水量3800立方米；2021年取水量为14000立方米，超许可取水量4000立方米；2022年取水量为11100立方米，超许可取水量1100立方米；2023年取水量为10800立方米，超许可取水量800立方米。北京市某区某粮实业有限公司超许可取水行为构成未依照批准的取水许可条件取水的违法行为。

《地下水管理条例》第五十五条规定："违反本条例规定，未经批准擅自取用地下水，或者利用渗井、渗坑、裂隙、溶洞以及私设暗管等逃避监管的方式排放水污染物等违法行为，依照《中华人民共和国水法》、《中华人民共和国水污染防治法》、《中华人民共和国土壤污染防治法》、《取水许可和水资源费征收管理条例》等法律、行政法规的规定处罚。"因此，依据《中华人民共和国水法》第四十八条、第六十九条第一项的规定，结合北京市某区某饮用水有限公司积极配合调查，退缴全部违法所得的情况，北京市水务局依法决定对其擅自取用地下水的行为作出罚款9万元的行政处罚，目前处罚决定已履行到位。2024年10月12日，依据《中华人民共和国水法》第四十九条、第六十九条第二项规定，北京市水务局对北京市某区某粮实业有限公司2020年、2021年、2022年、2023年超许可取水行为，依法作出罚款6万元的行政处罚，目前处罚决定已履行到位。

附录一

北京市节水条例

（2022年11月25日北京市第十五届人民代表大会常务委员会第四十五次会议通过，北京市人民代表大会常务委员会公告〔十五届〕第90号，自2023年3月1日起施行）

目　录

第一章　总　则

第二章　规划与建设管控

第三章　全过程节水

　　第一节　取水过程节水

　　第二节　供水过程节水

　　第三节　用水过程节水

　　第四节　非常规水源利用

第四章　保障与监督管理

第五章　法律责任

第六章　附　则

第一章 总　则

第一条　为了推动全社会节水，提高水资源利用效率，形成节水型生产生活方式，保障水安全，促进经济社会高质量发展，根据《中华人民共和国水法》等法律、行政法规，结合本市实际情况，制定本条例。

第二条　本市行政区域内取水、供水、用水、排水及非常规水源利用全过程节水及其监督管理活动，适用本条例。

本条例所称节水，是指统筹生产、生活、生态用水，采取工程、管理、技术、经济等措施，控制用水总量，提高用水效率，扩大非常规水源利用，降低水资源消耗和损失，节约集约利用水资源的活动。

第三条　节水工作应当严格贯彻节水优先、空间均衡、系统治理、两手发力的治水思路，将水资源禀赋和承载能力作为经济社会发展的刚性约束条件，以水定城、以水定地、以水定人、以水定产，优化城乡空间布局和产业结构，严格控制人口规模，严格限制建设高耗水项目，落实最严格水资源管理制度。

节水工作应当遵循统一规划、总量控制、合理配置、高效利用、循环再生、分类管理的原则，建立政府主导、部门协同、行业管理、市场调节、公众参与的节水工作机制。

第四条　市、区人民政府应当加强对节水工作的领导，将节水工作纳入国民经济和社会发展规划和计划，制定节水政策措施，建立健全节水考核评价制度，推动农业节水增效、工业节水减排、城镇节水降损和污水资源化利用。

街道办事处和乡镇人民政府应当做好本辖区的节水工作,发现违反本条例的行为,应当予以制止,并向有关部门报告。

居民委员会、村民委员会协助街道办事处和乡镇人民政府开展节水相关工作。鼓励居民委员会、村民委员会将节水行为规范纳入居民公约、村规民约。

第五条　市、区水务部门负责本行政区域内节水工作的组织、协调、指导、监督。

发展改革、教育、财政、规划自然资源、生态环境、经济和信息化、住房城乡建设、卫生健康、市场监督管理、城市管理、农业农村、商务、广电、园林绿化、税务等有关部门按照职责分工做好相关的节水工作。

第六条　各级人民政府及有关部门应当加强水情、节水法律法规、节水知识的宣传教育,组织节水实践活动,开展世界水日、中国水周等主题宣传,增强全社会节水意识,营造人人参与节水的良好氛围。

第七条　任何单位和个人都有节水的义务。

本市对在节水工作中做出突出贡献的单位和个人,按照国家和本市有关规定给予表彰奖励。

第二章　规划与建设管控

第八条　市水务部门应当会同发展改革部门依据国家水资源配置方

案和北京城市总体规划、国民经济和社会发展规划、水资源规划等，每五年组织制定全市水资源利用总量控制指标，明确水资源配置总量、水源构成、生产生活用水总量和河湖生态用水配置量等指标，报市人民政府批准后组织实施。

水务部门应当会同发展改革部门根据全市水资源利用总量控制指标、经济技术条件等，制定年度生产生活用水计划及水资源配置方案，报本级人民政府批准后组织实施。

第九条　市水务部门应当根据经济社会发展状况、水资源条件和节水工作需要组织编制全市节水规划，报市人民政府批准后组织实施；区水务部门应当依据全市节水规划，组织编制本区节水规划，报区人民政府批准后组织实施，并报市水务部门备案。经批准的节水规划不得擅自调整或者变更，确需调整或者变更的，应当经原批准机关批准。

第十条　本市建立水资源储备制度。

市水务部门应当会同发展改革、规划自然资源等部门根据气候状况、水资源条件等，确定水资源储备空间和储备水量，报市人民政府批准后组织实施。

水务部门应当会同规划自然资源、生态环境等部门采取河湖生态补水、水源置换、人工回灌补给等措施，建设海绵城市，逐步涵养地下水水源。

第十一条　编制分区规划、控制性详细规划和乡镇域规划、村庄规划等国土空间规划，编制部门应当进行水资源论证，将水资源条件作为城乡规划建设的刚性约束条件，明确区、街道、乡镇和村庄用水总量、节水措施和供排水等条件，并按照国家规定由水务部门组织技术审查。

编制国民经济和社会发展相关的农业、园林绿化、工业等需要进行水资源配置的专项规划、重大产业布局和开发区规划，以及涉及大规模用水或者实施后对水资源水生态造成重大影响的其他规划，编制部门应当进行水资源论证，明确用水总量和节水措施，并按照国家规定由水务部门组织技术审查。

第十二条　市水务、市场监督管理部门应当根据节水工作需要，组织有关行业主管部门制定和完善节水相关地方标准。

第十三条　本市相关行业产品生产和服务的用水定额由市有关行业主管部门组织编制，报市水务部门和市场监督管理部门审核同意；无行业主管部门的，由市水务部门会同市场监督管理部门组织编制。行业用水定额由市人民政府批准后向社会公布。

行业用水定额应当根据本市经济社会发展水平、水资源条件、供水能力、产业结构变化和产品技术进步等情况，适时进行评估和修订。

第十四条　市水务部门应当会同经济和信息化、商务等部门依照首都城市战略定位及水资源状况，制定本市高耗水工业和服务业行业目录。

市发展改革等部门拟订本市新增产业禁止限制目录应当将本市高耗水工业和服务业行业目录作为重要参考。

第十五条　新建、改建、扩建建设项目依法需要进行水资源论证、水土保持方案编制、洪水影响评价的，应当依法办理。

水务部门应当加强对新建、改建、扩建建设项目的分级分类管理，简化审批程序，对水资源论证、水土保持方案编制、洪水影响评价事项，具备条件的可以合并编制、办理，并统称为水影响评价。

第十六条　新建、改建、扩建建设项目，应当制订节水措施方案，配套建设节水设施，并将建设资金纳入项目总投资。节水设施应当与主体工程同时设计、同时施工、同时投入使用。规划设计单位应当按照国家和本市的节水标准和规范进行节水设施设计，并单独成册。

建设项目产权单位应当将已建成的再生水回用设施和雨水收集利用设施等节水设施情况报水务部门备案。

水务、规划自然资源、住房城乡建设等部门应当加强对节水设施设计、施工、验收的指导服务和监督检查。

第三章　全过程节水

第一节　取水过程节水

第十七条　本市统筹生产、生活、生态用水，实行多水源优化配置，优先满足城乡居民生活用水需求，鼓励利用雨水、再生水等非常规水源，合理开采地下水。

第十八条　直接从河流、湖泊或者地下取水的单位和个人，依法需要申请取水许可的，应当向水务部门申请。

取水单位和个人应当按照取水许可规定条件取水，准确计量，加强取水、输水工程设施管理维护，严格控制取水、输水损失。

取水许可有效期届满需要延续的，取水单位和个人应当依法提出延续申请。有效期届满未提出延续申请或者延续申请未获得批准的，水务部门依法注销取水许可证。

第十九条　地下工程建设、矿产资源开采疏干排水的，应当依照取水管理、地下水管理有关法律法规办理取水许可。疏干排水应当优先利用，无法利用的应当达标排放。

为保障地下工程施工安全和生产安全必须进行临时应急取（排）水的，不需要申请取水许可。取（排）水单位和个人应当于临时应急取（排）水结束后五个工作日内，向水务部门备案。

第二节　供水过程节水

第二十条　供水单位应当按照本市水资源调配工作要求，开展地下水水源置换，扩大地表水供水范围，限制开采地下水。

供水单位应当采用先进的制水技术、工艺和设备，提高制水效率和质量，回收利用工艺尾水，不得将尾水直接排入污水管网，制水损耗应当符合国家和本市有关规定。

第二十一条　新建、改建、扩建供水管网应当采用先进工艺和材质。

供水单位应当按照国家和本市有关规定对供水管网进行巡护、检查、维修、管理，并如实记录有关情况，应用先进技术手段提高供水管网安全监测及维护管理水平，减少破损事故发生，控制管网漏损。公共供水管网漏损率应当符合国家和本市有关规定。

供水单位应当及时回应 12345 市民服务热线等诉求，向社会公布抢修电话，发现漏损或者接到漏损报告时及时抢修。

第二十二条　供水管网超过使用年限或者工艺、材质不合格的，市、区人民政府应当制定改造计划，组织供水单位、物业服务人、用水户等有关单位和个人实施。

第二十三条　供水单位应当遵守下列规定：

（一）明确负责节水工作的机构或者人员，建立节水管理制度，确定节水目标；

（二）取水、供水过程安装水计量设施，建立健全水计量设施信息台账。具备智能远传条件的，安装在线远传水计量设施，并与水务部门数据共享；

（三）建立用水户及其用水信息数据库，并与水务等部门数据共享；

（四）按照国家和本市有关规定收费。

第二十四条　水务部门应当会同有关部门建立健全供水单位节水工作考核制度，将制水损耗、公共供水管网漏损率、信息共享与公开等纳入考核内容，考核结果作为节水工作奖励的参考。

第二十五条　新建、改建、扩建建设项目开工前，建设单位或者施工单位应当向供水单位查明地下供水管网情况，供水单位应当及时、准确提供相关情况。

施工影响公共供水管网安全的,建设单位或者施工单位应当与公共供水单位商定并采取相应的保护措施,由施工单位负责实施。

第三节　用水过程节水

第二十六条　本市对用水户实行分类管理,按照用水性质分为居民用水户、非居民用水户。

用水应当计量、缴费。

第二十七条　市发展改革部门应当会同财政、经济和信息化、城市管理、水务、园林绿化、农业农村、税务等部门根据经济社会发展状况、水资源条件、用水定额标准、供水成本、用水户承受能力等因素,建立健全有利于促进节水的差异化水价制度,完善水价形成机制,引导和促进全社会节水。

城镇居民生活用水和纳入城镇公共供水范围的农村生活用水实行阶梯水价,非居民用水实行超定额累进加价,特殊用水行业用水实行特殊水价。

第二十八条　居民用水户应当自觉遵守下列规定:

(一)了解水情水价,增强节水意识;

(二)学习节水知识,掌握节水方法,培养节水型生活方式;

(三)选用节水型生活用水器具并保障良好运行,不购买国家明令淘汰的落后的、耗水量高的设备和产品;

(四)积极配合节水改造,发现跑冒滴漏等情况及时维修。

居民生活用水确需变更为非居民用水的,居民用水户应当及时向供水单位报告，纳入非居民用水户管理，单独计量、缴费。

农村生活用水应当安装、使用水计量设施，不得免费供水或者实行包费制。

第二十九条　非居民用水户应当按照规定向供水单位提供基本信息、用水信息，并按照登记的用水性质用水，遵守定额管理、计划用水管理等制度，按时足额缴费。

本市对纳入取水许可管理的单位和用水量较大的非居民用水户用水实行计划用水管理和定额管理相结合的制度。水务部门按照年度生产生活用水计划、行业用水定额和用水户用水情况核算下达用水指标；无行业用水定额的，参照行业用水水平核算下达用水指标。用水可能超出用水指标时，水务部门应当给予警示；超出用水指标百分之二十的，水务部门应当督促、指导。具体办法由市水务部门会同发展改革、财政、税务等部门制定，报市人民政府批准后组织实施。

园林绿化、环境卫生、建筑施工等需要临时用水的，应当向水务部门申请临时用水指标。

第三十条　非居民用水户应当遵守下列规定：

（一）明确负责节水工作的机构或者人员；

（二）建立健全节水管理制度，开展节水宣传教育和培训，建设节水型单位；

（三）创造条件利用雨水、再生水等非常规水源；

（四）开展内部用水情况统计，实行两类以上不同用途用水分类装表计量和分级装表计量，加强水计量设施运行维护，建立用水台账；

（五）改造或者更换国家明令淘汰的落后的、耗水量高的技术、工艺、设备和产品；

（六）加强取用水设施设备的运行维护，保障节水设施正常运行，防止发生跑冒滴漏等情况。

第三十一条　非居民用水户应当按照国家和本市有关规定开展水平衡测试或者用水分析，并根据测试或者分析结果改进用水方式或者生产技术、工艺、设备和产品等。

第三十二条　禁止产生或者使用有毒有害物质的单位将其生产用水管网与供水管网直接连接；禁止将再生水、供暖等非饮用水管网与供水管网连接；禁止将雨水管网、污水管网、再生水管网混接。

禁止破坏或者损坏供水管网、雨水管网、污水管网、再生水管网及其附属设施。

第三十三条　市农业农村、园林绿化部门应当会同有关部门调整农业生产布局和林、牧、渔业用水结构，推进用水计量管理。

区人民政府应当根据本行政区域内的水资源状况，指导农业生产经营单位和个人合理调整农作物种植结构，发展高效益节水型农业，鼓励种植抗旱节水型农作物。

第三十四条　种植业应当采取管道输水、渠道防渗、喷灌、微灌等先进的节水灌溉方式，提高用水效率；鼓励非食用农产品生产使用再生水；养殖业应当使用节水器具。

第三十五条　园林绿化部门应当选择节水耐旱植物品种，优先使用雨水、再生水等非常规水源，逐步减少使用地下水、自来水。

园林绿化用水应当采用喷灌、微灌等节水灌溉方式；不具备节水灌溉条件的，应当采取其他节水措施，并有计划地组织开展节水改造。造林项目抚育期满后，由水务部门根据实际情况核算下达用水指标。

住宅小区、单位内部的景观用水禁止使用地下水、自来水。

第三十六条　工业用水应当采用先进技术、工艺、设备和产品，增加循环用水次数，提高水的重复利用率。水的重复利用率应当达到强制性标准。未达到强制性标准的，应当及时进行技术改造。

本市严格限制以水为主要原料的生产项目。对已有的以水为主要原料的生产企业，不再增加用水指标。纯净水生产企业产水率应当符合国家和本市有关规定。

以水为主要原料生成高纯度试剂的单位，应当采用节水型生产技术和工艺，减少水资源的损耗，回收利用生产后的尾水。

现场制售饮用水的单位和个人应当按照有关标准规范，安装尾水回收设施，对尾水进行利用，不得直接排放尾水，并依照本市有关规定向设施所在地卫生健康部门备案。

第三十七条　服务业用水单位应当制定并落实节水措施，按照规定安装、使用循环用水设施。

本市严格限制高尔夫球场、高档洗浴场所等高耗水服务业发展。高尔夫球场、人造滑雪场等高耗水服务业应当充分使用雨水、再生水等非常规水源。

第三十八条 提供洗车服务的用水户应当建设、使用循环用水设施，并向水务部门报送已建成循环用水设施的登记表；位于再生水输配管网覆盖范围内的，应当使用再生水，并按照要求向水务部门提供再生水供水合同。

第三十九条 任何单位和个人不得从园林绿化、环境卫生、消防等公共用水设施非法用水。

园林绿化、环境卫生、消防等公共用水设施的管理责任人应当加强日常巡查和维护管理，采取有效措施保障正常运行，防止水的渗漏、流失；发现浪费用水或者非法用水的，有权予以劝阻、制止；对劝阻、制止无效的，应当及时向水务部门报告。

第四十条 国家机关及使用财政性资金的事业单位、团体组织等应当加强内部节水管理，厉行节约，杜绝瓶装饮用水浪费等现象，带头使用节水产品和设备，建设节水型单位。

第四十一条 因重大或者特别重大突发事件影响正常供水的或者用水量达到日供水能力百分之九十时，经市人民政府批准，可以采取限制性用水措施。

第四节 非常规水源利用

第四十二条 水务部门应当组织再生水供水单位依据北京城市总体规划及相关专项规划，加快再生水管网建设，扩大再生水利用。

水务部门应当定期公布再生水输配管网覆盖范围和加水设施位置分布。

第四十三条 再生水输配管网覆盖范围内的用水户，符合下列情形之一的，应当使用再生水：

（一）园林绿化、环境卫生、建筑施工等行业用水；

（二）冷却用水、洗涤用水、工艺用水等工业生产用水；

（三）公共区域、住宅小区和单位内部的景观用水；

（四）降尘、道路清扫、车辆冲洗等其他市政杂用水。

具备再生水利用条件的非居民用水户，水务部门应当将再生水用量纳入其用水指标，同步合理减少其地下水、自来水的用水指标。

第四十四条 鼓励非居民用水户收集、循环使用或者回收使用设备冷却水、空调冷却水、锅炉冷凝水，循环利用率不低于国家和本市规定的标准。

第四十五条 新建、改建、扩建建设项目应当依照水土保持相关法律法规的有关规定配套建设雨水收集利用设施；鼓励已建成的工程项目补建雨水收集利用设施。

鼓励农村地区单位和个人因地制宜建设雨水收集利用设施。

第四章 保障与监督管理

第四十六条 市、区人民政府应当统筹财政、政府固定资产投资等相关资金，支持节水型社会建设、节水技术科研、农业节水技术推广、工业和服务业节水技术改造、地下水超采区综合治理、公共供水管网漏损控制、再生水利用等。

市、区人民政府及其有关部门应当制定鼓励合同节水管理的措施,在公共机构、公共建筑、高耗水工业和服务业、公共供水管网漏损控制等领域加以引导和推动。

鼓励和支持政府和社会资本合作项目,鼓励和引导社会资本参与节水项目建设和运营,鼓励金融机构对节水项目给予支持。

第四十七条　本市依照国家有关规定推进用水权改革,探索对公共供水管网内符合条件的用水户明晰用水权,依法进行交易。

第四十八条　鼓励和支持高等院校、科研院所、企事业单位、社会组织和个人开展先进适用的节水技术、工艺、设备和产品的研究开发和推广应用,培育和发展节水产业,充分发挥节水科技创新的支撑作用。

实行水效标识管理的产品生产者、销售者应当依法在产品及其包装物、说明书、网络商品交易主页等部位标注或者展示水效标识,对其准确性负责。禁止销售应当标注而未标注水效标识的产品,禁止伪造、冒用水效标识。

第四十九条　鼓励节水服务产业发展,支持节水服务企业与用水户签订节水管理合同,提供节水诊断、募集资本、技术改造、运行管理等服务,并可以节水效益分享等方式回收投资和获得合理利润。

支持节水服务企业开展节水咨询、设计、检测、认证、审计、水平衡测试、技术改造、运行管理等服务,提高节水服务市场化、专业化、规范化能力，改善服务质量。

第五十条　水务部门应当会同有关部门组织编制分类节水指南、制作宣传片等节水宣传材料，开展节水型社会、节水型城市建设，推广节水典型经验，普及科学的节水理念和方法。

国家机关和学校、医院、宾馆、车站、机场、公园等公共场所管理者、公共交通工具经营者应当在显著位置设置节水提示和宣传标识，加强节水宣传。

教育部门、学校、幼儿园应当将节水知识纳入教育、教学内容，对学生进行节水宣传教育。

广播、电视、报刊、互联网等新闻媒体应当加强节水公益宣传和舆论监督。

第五十一条　鼓励和支持供水单位、非居民用水户、居民委员会、村民委员会、物业服务人、农村管水组织、城镇供水协会、排水协会等组织开展节水宣传教育和培训等活动，健全节水社会化服务体系。

第五十二条　供水单位、用水户应当依法使用经检定合格的水计量设施（含远传水计量设施），并保持正常使用；不得擅自停止使用或者拆除水计量设施，不得破坏其准确度。

第五十三条　水务部门应当会同有关部门加强节水工作信息化建设，提升节水信息收集、传输、处理和利用的技术水平。

第五十四条　水务部门及有关部门应当依法履行节水监督管理职责，加强对纳入取水许可管理的单位、用水量较大的非居民用水户、特殊用水行业的日常监测和监督管理，对发现的浪费用水行为及时处理；需要有关部门配合的，应当实行联合检查。

第五十五条　水务部门的综合行政执法队伍履行节水监督检查职责，有权采取下列措施：

（一）进入现场开展检查，调查了解有关情况；

（二）要求被检查单位或者个人就节水有关问题作出说明；

（三）要求被检查单位或者个人提供有关文件、证照、资料，并有权复制；

（四）责令被检查单位或者个人停止违法行为，履行法定义务。

水务执法人员履行节水监督检查职责，应当主动出示行政执法证件。

有关单位或者个人应当配合节水监督检查工作，如实提供有关资料和情况，不得拒绝、拖延或者谎报情况，不得妨碍监督检查人员依法履行职责。

第五十六条　鼓励单位和个人向水务部门举报违反本条例的行为，水务部门接到举报后应当及时调查处理，并为举报人保密。

水务部门应当公布举报电话、信箱或者电子邮件地址，受理举报。对举报属实、提供主要线索和证据的举报人给予奖励。

第五十七条　水务部门应当会同有关部门建立节水信用管理制度，依法将对单位和个人的行政处罚信息等纳入本市公共信用信息平台；对严重浪费用水的，可以通过媒体曝光。

第五章　法律责任

第五十八条　违反本条例第二十一条第二款规定，供水单位未按照国家和本市有关规定对供水管网进行巡护、检查、维修、管理的，由水务部门责令限期改正，给予警告；逾期不改正的，处一万元以上十万元以下罚款；造成严重后果的，处十万元以上五十万元以下罚款。

第五十九条　违反本条例第二十五条第二款规定，建设单位或者施工单位未与公共供水单位商定并采取相应的保护措施的，由水务部门责令限期改正，给予警告；逾期不改正的，处二万元以上五万元以下罚款。

第六十条　违反本条例第二十八条第二款规定，居民生活用水变更为非居民用水未及时向供水单位报告的，由水务部门责令限期改正，按照相应的水价限期补缴水费；逾期不改正的，处应补缴水费一倍以上三倍以下罚款。

违反本条例第二十八条第三款规定，农村生活用水免费供水或者实行包费制的，由水务部门责令限期改正，给予警告；逾期不改正的，可以按照每户二百元以上五百元以下的标准处以罚款。农村生活用水未安装、使用水计量设施的，由乡镇人民政府责令限期改正。

第六十一条　违反本条例第二十九条第三款规定，用水单位未依法取得临时用水指标擅自用水的，由水务部门责令限期改正，处二万元以上十万元以下罚款。

第六十二条　违反本条例第三十条第六项规定，非居民用水户未保障节水设施正常运行,造成浪费用水的,由水务部门责令限期改正;逾期不改正的,处五万元以下罚款。

第六十三条 违反本条例第三十二条第一款规定,有下列行为之一的,由水务部门责令停止违法行为,限期恢复原状或者采取其他补救措施并承担相关费用,对单位处五万元以上十万元以下罚款,对个人处一万元以上五万元以下罚款:

(一)产生或者使用有毒有害物质的单位将其生产用水管网与供水管网直接连接的;

(二)将再生水、供暖等非饮用水管网与供水管网连接的;

(三)将雨水管网、污水管网、再生水管网混接的。

违反本条例第三十二条第二款规定,破坏或者损坏供水管网、雨水管网、污水管网、再生水管网及其附属设施的,由水务部门责令改正,恢复原状或者采取其他补救措施,处十万元以下罚款;造成严重后果的,处十万元以上三十万元以下罚款;造成损失的,依法承担赔偿责任;构成犯罪的,依法追究刑事责任。

第六十四条 违反本条例第三十五条第二款规定,园林绿化用水未采用节水灌溉方式或者未采取其他节水措施,造成浪费用水的,由水务部门责令限期改正;逾期不改正的,处一万元以上五万元以下罚款。

违反本条例第三十五条第三款规定,住宅小区、单位内部的景观用水使用地下水、自来水的,由水务部门责令限期改正;逾期不改正的,处一万元以上三万元以下罚款。

第六十五条　违反本条例第三十六条第一款、第二款规定，工业用水的重复利用率未达到强制性标准且未及时进行技术改造的，或者纯净水生产企业产水率不符合国家和本市有关规定的，由水务部门责令限期改正，处一万元以上十万元以下罚款。

违反本条例第三十六条第三款规定，以水为主要原料生成高纯度制剂的单位未回收利用生产后的尾水的，由水务部门责令限期改正，处一万元以上十万元以下罚款。

违反本条例第三十六条第四款规定，现场制售饮用水的单位或者个人未安装尾水回收设施对尾水进行利用的，由水务部门责令限期改正；逾期不改正的，责令拆除，处五千元以上二万元以下罚款；未按照规定备案的，由卫生健康部门责令限期改正；逾期不改正的，处一千元以上五千元以下罚款。

第六十六条　违反本条例第三十七条第一款规定，服务业用水单位未按照规定安装、使用循环用水设施的，由水务部门责令限期改正；逾期不改正的，处一千元以上一万元以下罚款。

第六十七条　违反本条例第三十八条规定，提供洗车服务的用水户未建设、使用循环用水设施或者未按照规定使用再生水的，由水务部门责令限期改正，给予警告；逾期不改正的，处一万元以上五万元以下罚款；未按照规定向水务部门报送已建成循环用水设施的登记表或者提供再生水供水合同的，由水务部门责令限期改正，给予警告；逾期不改正的，处一千元以下罚款。

第六十八条 违反本条例第三十九条第一款规定，从园林绿化、环境卫生、消防等公共用水设施非法用水的，由水务部门责令停止违法行为，对单位处一万元以上十万元以下罚款，对个人处一千元以上一万元以下罚款。

第六十九条 违反本条例第五十二条规定，供水单位、用水户擅自停止使用或者拆除水计量设施的，由水务部门责令限期改正，对单位处五千元以上二万元以下罚款，对个人处五百元以上五千元以下罚款；破坏水计量设施准确度的，由水务部门责令限期改正，可以处二千元以下罚款。

第六章 附 则

第七十条 本条例有关用语的含义：

（一）供水单位，是指从事城乡公共供水、自建设施供水的企业、组织。

（二）再生水，是指对通过污水管网收集的城乡一定区域范围内的污水进行净化处理，达到特定水质标准可实现循环利用的水。

（三）特殊用水行业，是指洗车业、高档洗浴业、纯净水生产、高尔夫球场、人造滑雪场等。

（四）高档洗浴场所，是指市商务部门会同有关部门制定并公布的大众便民浴池以外的洗浴场所。

第七十一条 本条例自2023年3月1日起施行。

附录二

地下水管理条例

（2021年9月15日国务院第149次常务会议通过，2021年10月21日中华人民共和国国务院令第748号公布，自2021年12月1日起施行）

目　录

第一章　总　　则

第二章　调查与规划

第三章　节约与保护

第四章　超采治理

第五章　污染防治

第六章　监督管理

第七章　法律责任

第八章　附　　则

第一章 总　则

第一条　为了加强地下水管理，防治地下水超采和污染，保障地下水质量和可持续利用，推进生态文明建设，根据《中华人民共和国水法》和《中华人民共和国水污染防治法》等法律，制定本条例。

第二条　地下水调查与规划、节约与保护、超采治理、污染防治、监督管理等活动，适用本条例。

本条例所称地下水，是指赋存于地表以下的水。

第三条　地下水管理坚持统筹规划、节水优先、高效利用、系统治理的原则。

第四条　国务院水行政主管部门负责全国地下水统一监督管理工作。国务院生态环境主管部门负责全国地下水污染防治监督管理工作。国务院自然资源等主管部门按照职责分工做好地下水调查、监测等相关工作。

第五条　县级以上地方人民政府对本行政区域内的地下水管理负责，应当将地下水管理纳入本级国民经济和社会发展规划，并采取控制开采量、防治污染等措施，维持地下水合理水位，保护地下水水质。

县级以上地方人民政府水行政主管部门按照管理权限，负责本行政区域内地下水统一监督管理工作。地方人民政府生态环境主管部门负责本行政区域内地下水污染防治监督管理工作。县级以上地方人民政府自然资源等主管部门按照职责分工做好本行政区域内地下水调查、监测等相关工作。

第六条　利用地下水的单位和个人应当加强地下水取水工程管理，

节约、保护地下水，防止地下水污染。

第七条 国务院对省、自治区、直辖市地下水管理和保护情况实行目标责任制和考核评价制度。国务院有关部门按照职责分工负责考核评价工作的具体组织实施。

第八条 任何单位和个人都有权对损害地下水的行为进行监督、检举。

对在节约、保护和管理地下水工作中作出突出贡献的单位和个人，按照国家有关规定给予表彰和奖励。

第九条 国家加强对地下水节约和保护的宣传教育，鼓励、支持地下水先进科学技术的研究、推广和应用。

第二章 调查与规划

第十条 国家定期组织开展地下水状况调查评价工作。地下水状况调查评价包括地下水资源调查评价、地下水污染调查评价和水文地质勘查评价等内容。

第十一条 县级以上人民政府应当组织水行政、自然资源、生态环境等主管部门开展地下水状况调查评价工作。调查评价成果是编制地下水保护利用和污染防治等规划以及管理地下水的重要依据。调查评价成果应当依法向社会公布。

第十二条 县级以上人民政府水行政、自然资源、生态环境等主管部门根据地下水状况调查评价成果，统筹考虑经济社会发展需要、地下水资源状况、污染防治等因素，编制本级地下水保护利用和污染防治等规划，依法履行征求意见、论证评估等程序后向社会公布。

地下水保护利用和污染防治等规划是节约、保护、利用、修复治理地下水的基本依据。地下水保护利用和污染防治等规划应当服从水资源综合规划和环境保护规划。

第十三条　国民经济和社会发展规划以及国土空间规划等相关规划的编制、重大建设项目的布局，应当与地下水资源条件和地下水保护要求相适应，并进行科学论证。

第十四条　编制工业、农业、市政、能源、矿产资源开发等专项规划，涉及地下水的内容，应当与地下水保护利用和污染防治等规划相衔接。

第十五条　国家建立地下水储备制度。国务院水行政主管部门应当会同国务院自然资源、发展改革等主管部门，对地下水储备工作进行指导、协调和监督检查。

县级以上地方人民政府水行政主管部门应当会同本级人民政府自然资源、发展改革等主管部门，根据本行政区域内地下水条件、气候状况和水资源储备需要，制定动用地下水储备预案并报本级人民政府批准。

除特殊干旱年份以及发生重大突发事件外，不得动用地下水储备。

第三章　节约与保护

第十六条　国家实行地下水取水总量控制制度。国务院水行政主管部门会同国务院自然资源主管部门，根据各省、自治区、直辖市地下水可开采量和地表水水资源状况，制定并下达各省、自治区、直辖市地下水取水总量控制指标。

第十七条 省、自治区、直辖市人民政府水行政主管部门应当会同本级人民政府有关部门，根据国家下达的地下水取水总量控制指标，制定本行政区域内县级以上行政区域的地下水取水总量控制指标和地下水水位控制指标，经省、自治区、直辖市人民政府批准后下达实施，并报国务院水行政主管部门或者其授权的流域管理机构备案。

第十八条 省、自治区、直辖市人民政府水行政主管部门制定本行政区域内地下水取水总量控制指标和地下水水位控制指标时，涉及省际边界区域且属于同一水文地质单元的，应当与相邻省、自治区、直辖市人民政府水行政主管部门协商确定。协商不成的，由国务院水行政主管部门会同国务院有关部门确定。

第十九条 县级以上地方人民政府应当根据地下水取水总量控制指标、地下水水位控制指标和国家相关技术标准，合理确定本行政区域内地下水取水工程布局。

第二十条 县级以上地方人民政府水行政主管部门应当根据本行政区域内地下水取水总量控制指标、地下水水位控制指标以及科学分析测算的地下水需求量和用水结构，制定地下水年度取水计划，对本行政区域内的年度取用地下水实行总量控制，并报上一级人民政府水行政主管部门备案。

第二十一条　取用地下水的单位和个人应当遵守取水总量控制和定额管理要求，使用先进节约用水技术、工艺和设备，采取循环用水、综合利用及废水处理回用等措施，实施技术改造，降低用水消耗。

对下列工艺、设备和产品，应当在规定的期限内停止生产、销售、进口或者使用：

（一）列入淘汰落后的、耗水量高的工艺、设备和产品名录的；

（二）列入限期禁止采用的严重污染水环境的工艺名录和限期禁止生产、销售、进口、使用的严重污染水环境的设备名录的。

第二十二条　新建、改建、扩建地下水取水工程，应当同时安装计量设施。已有地下水取水工程未安装计量设施的，应当按照县级以上地方人民政府水行政主管部门规定的期限安装。

单位和个人取用地下水量达到取水规模以上的，应当安装地下水取水在线计量设施，并将计量数据实时传输到有管理权限的水行政主管部门。取水规模由省、自治区、直辖市人民政府水行政主管部门制定、公布，并报国务院水行政主管部门备案。

第二十三条　以地下水为灌溉水源的地区，县级以上地方人民政府应当采取保障建设投入、加大对企业信贷支持力度、建立健全基层水利服务体系等措施，鼓励发展节水农业，推广应用喷灌、微灌、管道输水灌溉、渠道防渗输水灌溉等节水灌溉技术，以及先进的农机、农艺和生物技术等，提高农业用水效率，节约农业用水。

第二十四条　国务院根据国民经济和社会发展需要，对取用地下水的单位和个人试点征收水资源税。地下水水资源税根据当地地下水资源状况、取用水类型和经济发展等情况实行差别税率，合理提高征收标准。征收水资源税的，停止征收水资源费。

尚未试点征收水资源税的省、自治区、直辖市，对同一类型取用水，地下水的水资源费征收标准应当高于地表水的标准，地下水超采区的水资源费征收标准应当高于非超采区的标准，地下水严重超采区的水资源费征收标准应当大幅高于非超采区的标准。

第二十五条 有下列情形之一的，对取用地下水的取水许可申请不予批准：

（一）不符合地下水取水总量控制、地下水水位控制要求；

（二）不符合限制开采区取用水规定；

（三）不符合行业用水定额和节水规定；

（四）不符合强制性国家标准；

（五）水资源紧缺或者生态脆弱地区新建、改建、扩建高耗水项目；

（六）违反法律、法规的规定开垦种植而取用地下水。

第二十六条 建设单位和个人应当采取措施防止地下工程建设对地下水补给、径流、排泄等造成重大不利影响。对开挖达到一定深度或者达到一定排水规模的地下工程，建设单位和个人应当于工程开工前，将工程建设方案和防止对地下水产生不利影响的措施方案报有管理权限的水行政主管部门备案。开挖深度和排水规模由省、自治区、直辖市人民政府制定、公布。

第二十七条　除下列情形外，禁止开采难以更新的地下水：

（一）应急供水取水；

（二）无替代水源地区的居民生活用水；

（三）为开展地下水监测、勘探、试验少量取水。

已经开采的，除前款规定的情形外，有关县级以上地方人民政府应当采取禁止开采、限制开采措施，逐步实现全面禁止开采；前款规定的情形消除后，应当立即停止取用地下水。

第二十八条　县级以上地方人民政府应当加强地下水水源补给保护，充分利用自然条件补充地下水，有效涵养地下水水源。

城乡建设应当统筹地下水水源涵养和回补需要，按照海绵城市建设的要求，推广海绵型建筑、道路、广场、公园、绿地等，逐步完善滞渗蓄排等相结合的雨洪水收集利用系统。河流、湖泊整治应当兼顾地下水水源涵养，加强水体自然形态保护和修复。

城市人民政府应当因地制宜采取有效措施，推广节水型生活用水器具，鼓励使用再生水，提高用水效率。

第二十九条　县级以上地方人民政府应当根据地下水水源条件和需要，建设应急备用饮用水水源，制定应急预案，确保需要时正常使用。

应急备用地下水水源结束应急使用后，应当立即停止取水。

第三十条　有关县级以上地方人民政府水行政主管部门会同本级人民政府有关部门编制重要泉域保护方案，明确保护范围、保护措施，报本级人民政府批准后实施。

对已经干涸但具有重要历史文化和生态价值的泉域，具备条件的，应当采取措施予以恢复。

第四章　超采治理

第三十一条　国务院水行政主管部门应当会同国务院自然资源主管部门根据地下水状况调查评价成果，组织划定全国地下水超采区，并依法向社会公布。

第三十二条　省、自治区、直辖市人民政府水行政主管部门应当会同本级人民政府自然资源等主管部门，统筹考虑地下水超采区划定、地下水利用情况以及地质环境条件等因素，组织划定本行政区域内地下水禁止开采区、限制开采区，经省、自治区、直辖市人民政府批准后公布，并报国务院水行政主管部门备案。

地下水禁止开采区、限制开采区划定后，确需调整的，应当按照原划定程序进行调整。

第三十三条　有下列情形之一的，应当划为地下水禁止开采区：

（一）已发生严重的地面沉降、地裂缝、海（咸）水入侵、植被退化等地质灾害或者生态损害的区域；

（二）地下水超采区内公共供水管网覆盖或者通过替代水源已经解决供水需求的区域；

（三）法律、法规规定禁止开采地下水的其他区域。

第三十四条　有下列情形之一的，应当划为地下水限制开采区：

（一）地下水开采量接近可开采量的区域；

（二）开采地下水可能引发地质灾害或者生态损害的区域；

（三）法律、法规规定限制开采地下水的其他区域。

第三十五条　除下列情形外，在地下水禁止开采区内禁止取用地下水：

（一）为保障地下工程施工安全和生产安全必须进行临时应急取（排）水；

（二）为消除对公共安全或者公共利益的危害临时应急取水；

（三）为开展地下水监测、勘探、试验少量取水。

除前款规定的情形外，在地下水限制开采区内禁止新增取用地下水，并逐步削减地下水取水量；前款规定的情形消除后，应当立即停止取用地下水。

第三十六条　省、自治区、直辖市人民政府水行政主管部门应当会同本级人民政府有关部门，编制本行政区域地下水超采综合治理方案，经省、自治区、直辖市人民政府批准后，报国务院水行政主管部门备案。

地下水超采综合治理方案应当明确治理目标、治理措施、保障措施等内容。

第三十七条　地下水超采区的县级以上地方人民政府应当加强节水型社会建设，通过加大海绵城市建设力度、调整种植结构、推广节水农业、加强工业节水、实施河湖地下水回补等措施，逐步实现地下水采补平衡。

国家在替代水源供给、公共供水管网建设、产业结构调整等方面，加大对地下水超采区地方人民政府的支持力度。

第三十八条　有关县级以上地方人民政府水行政主管部门应当会同本级人民政府自然资源主管部门加强对海（咸）水入侵的监测和预防。已经出现海（咸）水入侵的地区，应当采取综合治理措施。

第五章　污染防治

第三十九条　国务院生态环境主管部门应当会同国务院水行政、自然资源等主管部门，指导全国地下水污染防治重点区划定工作。省、自治区、直辖市人民政府生态环境主管部门应当会同本级人民政府水行政、自然资源等主管部门，根据本行政区域内地下水污染防治需要，划定地下水污染防治重点区。

第四十条　禁止下列污染或者可能污染地下水的行为：

（一）利用渗井、渗坑、裂隙、溶洞以及私设暗管等逃避监管的方式排放水污染物；

（二）利用岩层孔隙、裂隙、溶洞、废弃矿坑等贮存石化原料及产品、农药、危险废物、城镇污水处理设施产生的污泥和处理后的污泥或者其他有毒有害物质；

（三）利用无防渗漏措施的沟渠、坑塘等输送或者贮存含有毒污染物的废水、含病原体的污水和其他废弃物；

（四）法律、法规禁止的其他污染或者可能污染地下水的行为。

第四十一条　企业事业单位和其他生产经营者应当采取下列措施，防止地下水污染：

（一）兴建地下工程设施或者进行地下勘探、采矿等活动，依法编制的环境影响评价文件中，应当包括地下水污染防治的内容，并采取防护性措施；

（二）化学品生产企业以及工业集聚区、矿山开采区、尾矿库、危险废物处置场、垃圾填埋场等的运营、管理单位，应当采取防渗漏等措施，并建设地下水水质监测井进行监测；

（三）加油站等的地下油罐应当使用双层罐或者采取建造防渗池等其他有效措施，并进行防渗漏监测；

（四）存放可溶性剧毒废渣的场所，应当采取防水、防渗漏、防流失的措施；

（五）法律、法规规定应当采取的其他防止地下水污染的措施。

根据前款第二项规定的企业事业单位和其他生产经营者排放有毒有害物质情况，地方人民政府生态环境主管部门应当按照国务院生态环境主管部门的规定，商有关部门确定并公布地下水污染防治重点排污单位名录。地下水污染防治重点排污单位应当依法安装水污染物排放自动监测设备，与生态环境主管部门的监控设备联网，并保证监测设备正常运行。

第四十二条　在泉域保护范围以及岩溶强发育、存在较多落水洞和岩溶漏斗的区域内，不得新建、改建、扩建可能造成地下水污染的建设项目。

第四十三条 多层含水层开采、回灌地下水应当防止串层污染。

多层地下水的含水层水质差异大的，应当分层开采；对已受污染的潜水和承压水，不得混合开采。

已经造成地下水串层污染的，应当按照封填井技术要求限期回填串层开采井，并对造成的地下水污染进行治理和修复。

人工回灌补给地下水，应当符合相关的水质标准，不得使地下水水质恶化。

第四十四条 农业生产经营者等有关单位和个人应当科学、合理使用农药、肥料等农业投入品，农田灌溉用水应当符合相关水质标准，防止地下水污染。

县级以上地方人民政府及其有关部门应当加强农药、肥料等农业投入品使用指导和技术服务，鼓励和引导农业生产经营者等有关单位和个人合理使用农药、肥料等农业投入品，防止地下水污染。

第四十五条 依照《中华人民共和国土壤污染防治法》的有关规定，安全利用类和严格管控类农用地地块的土壤污染影响或者可能影响地下水安全的，制定防治污染的方案时，应当包括地下水污染防治的内容。

污染物含量超过土壤污染风险管控标准的建设用地地块，编制土壤污染风险评估报告时，应当包括地下水是否受到污染的内容；列入风险管控和修复名录的建设用地地块，采取的风险管控措施中应当包括地下水污染防治的内容。

对需要实施修复的农用地地块，以及列入风险管控和修复名录的建设用地地块，修复方案中应当包括地下水污染防治的内容。

第六章　监督管理

第四十六条　县级以上人民政府水行政、自然资源、生态环境等主管部门应当依照职责加强监督管理，完善协作配合机制。

国务院水行政、自然资源、生态环境等主管部门建立统一的国家地下水监测站网和地下水监测信息共享机制，对地下水进行动态监测。

县级以上地方人民政府水行政、自然资源、生态环境等主管部门根据需要完善地下水监测工作体系，加强地下水监测。

第四十七条　任何单位和个人不得侵占、毁坏或者擅自移动地下水监测设施设备及其标志。

新建、改建、扩建建设工程应当避开地下水监测设施设备；确实无法避开、需要拆除地下水监测设施设备的，应当由县级以上人民政府水行政、自然资源、生态环境等主管部门按照有关技术要求组织迁建，迁建费用由建设单位承担。

任何单位和个人不得篡改、伪造地下水监测数据。

第四十八条　建设地下水取水工程的单位和个人，应当在申请取水许可时附具地下水取水工程建设方案，并按照取水许可批准文件的要求，自行或者委托具有相应专业技术能力的单位进行施工。施工单位不得承揽应当取得但未取得取水许可的地下水取水工程。

以监测、勘探为目的的地下水取水工程，不需要申请取水许可，建设单位应当于施工前报有管辖权的水行政主管部门备案。

地下水取水工程的所有权人负责工程的安全管理。

第四十九条　县级以上地方人民政府水行政主管部门应当对本行政区域内的地下水取水工程登记造册，建立监督管理制度。

报废的矿井、钻井、地下水取水工程，或者未建成、已完成勘探任务、依法应当停止取水的地下水取水工程，应当由工程所有权人或者管理单位实施封井或者回填；所有权人或者管理单位应当将其封井或者回填情况告知县级以上地方人民政府水行政主管部门；无法确定所有权人或者管理单位的，由县级以上地方人民政府或者其授权的部门负责组织实施封井或者回填。

实施封井或者回填，应当符合国家有关技术标准。

第五十条　县级以上地方人民政府应当组织水行政、自然资源、生态环境等主管部门，划定集中式地下水饮用水水源地并公布名录，定期组织开展地下水饮用水水源地安全评估。

第五十一条　县级以上地方人民政府水行政主管部门应当会同本级人民政府自然资源等主管部门，根据水文地质条件和地下水保护要求，划定需要取水的地热能开发利用项目的禁止和限制取水范围。

禁止在集中式地下水饮用水水源地建设需要取水的地热能开发利用项目。禁止抽取难以更新的地下水用于需要取水的地热能开发利用项目。

建设需要取水的地热能开发利用项目，应当对取水和回灌进行计量，实行同一含水层等量取水和回灌，不得对地下水造成污染。达到取水规模以上的，应当安装取水和回灌在线计量设施，并将计量数据实时传输到有管理权限的水行政主管部门。取水规模由省、自治区、直辖市人民政府水行政主管部门制定、公布。

对不符合本条第一款、第二款、第三款规定的已建需要取水的地热能开发利用项目，取水单位和个人应当按照水行政主管部门的规定限期整改，整改不合格的，予以关闭。

第五十二条　矿产资源开采、地下工程建设疏干排水量达到规模的，应当依法申请取水许可，安装排水计量设施，定期向取水许可审批机关报送疏干排水量和地下水水位状况。疏干排水量规模由省、自治区、直辖市人民政府制定、公布。

为保障矿井等地下工程施工安全和生产安全必须进行临时应急取（排）水的，不需要申请取水许可。取（排）水单位和个人应当于临时应急取（排）水结束后5个工作日内，向有管理权限的县级以上地方人民政府水行政主管部门备案。

矿产资源开采、地下工程建设疏干排水应当优先利用，无法利用的应当达标排放。

第五十三条　县级以上人民政府水行政、生态环境等主管部门应当建立从事地下水节约、保护、利用活动的单位和个人的诚信档案，记录日常监督检查结果、违法行为查处等情况，并依法向社会公示。

第七章　法律责任

第五十四条　县级以上地方人民政府，县级以上人民政府水行政、生态环境、自然资源主管部门和其他负有地下水监督管理职责的部门有下列行为之一的，由上级机关责令改正，对负有责任的主管人员和其他直接责任人员依法给予处分：

（一）未采取有效措施导致本行政区域内地下水超采范围扩大，或者地下水污染状况未得到改善甚至恶化；

（二）未完成本行政区域内地下水取水总量控制指标和地下水水位控制指标；

（三）对地下水水位低于控制水位未采取相关措施；

（四）发现违法行为或者接到对违法行为的检举后未予查处；

（五）有其他滥用职权、玩忽职守、徇私舞弊等违法行为。

第五十五条　违反本条例规定，未经批准擅自取用地下水，或者利用渗井、渗坑、裂隙、溶洞以及私设暗管等逃避监管的方式排放水污染物等违法行为，依照《中华人民共和国水法》、《中华人民共和国水污染防治法》、《中华人民共和国土壤污染防治法》、《取水许可和水资源费征收管理条例》等法律、行政法规的规定处罚。

第五十六条　地下水取水工程未安装计量设施的，由县级以上地方人民政府水行政主管部门责令限期安装，并按照日最大取水能力计算的取水量计征相关费用，处10万元以上50万元以下罚款；情节严重的，吊销取水许可证。

计量设施不合格或者运行不正常的，由县级以上地方人民政府水行政主管部门责令限期更换或者修复；逾期不更换或者不修复的，按照日最大取水能力计算的取水量计征相关费用，处10万元以上50万元以下罚款；情节严重的，吊销取水许可证。

第五十七条 地下工程建设对地下水补给、径流、排泄等造成重大不利影响的，由县级以上地方人民政府水行政主管部门责令限期采取措施消除不利影响，处10万元以上50万元以下罚款；逾期不采取措施消除不利影响的，由县级以上地方人民政府水行政主管部门组织采取措施消除不利影响，所需费用由违法行为人承担。

地下工程建设应当于开工前将工程建设方案和防止对地下水产生不利影响的措施方案备案而未备案的，或者矿产资源开采、地下工程建设疏干排水应当定期报送疏干排水量和地下水水位状况而未报送的，由县级以上地方人民政府水行政主管部门责令限期补报；逾期不补报的，处2万元以上10万元以下罚款。

第五十八条 报废的矿井、钻井、地下水取水工程，或者未建成、已完成勘探任务、依法应当停止取水的地下水取水工程，未按照规定封井或者回填的，由县级以上地方人民政府或者其授权的部门责令封井或者回填，处10万元以上50万元以下罚款；不具备封井或者回填能力的，由县级以上地方人民政府或者其授权的部门组织封井或者回填，所需费用由违法行为人承担。

第五十九条　利用岩层孔隙、裂隙、溶洞、废弃矿坑等贮存石化原料及产品、农药、危险废物或者其他有毒有害物质的，由地方人民政府生态环境主管部门责令限期改正，处 10 万元以上 100 万元以下罚款。

利用岩层孔隙、裂隙、溶洞、废弃矿坑等贮存城镇污水处理设施产生的污泥和处理后的污泥的，由县级以上地方人民政府城镇排水主管部门责令限期改正，处 20 万元以上 200 万元以下罚款，对直接负责的主管人员和其他直接责任人员处 2 万元以上 10 万元以下罚款；造成严重后果的，处 200 万元以上 500 万元以下罚款，对直接负责的主管人员和其他直接责任人员处 5 万元以上 50 万元以下罚款。

在泉域保护范围以及岩溶强发育、存在较多落水洞和岩溶漏斗的区域内，新建、改建、扩建造成地下水污染的建设项目的，由地方人民政府生态环境主管部门处 10 万元以上 50 万元以下罚款，并报经有批准权的人民政府批准，责令拆除或者关闭。

第六十条　侵占、毁坏或者擅自移动地下水监测设施设备及其标志的，由县级以上地方人民政府水行政、自然资源、生态环境主管部门责令停止违法行为，限期采取补救措施，处 2 万元以上 10 万元以下罚款；逾期不采取补救措施的，由县级以上地方人民政府水行政、自然资源、生态环境主管部门组织补救，所需费用由违法行为人承担。

第六十一条　以监测、勘探为目的的地下水取水工程在施工前应当备案而未备案的，由县级以上地方人民政府水行政主管部门责令限期补办备案手续；逾期不补办备案手续的，责令限期封井或者回填，处 2 万元以上10万元以下罚款；逾期不封井或者回填的，由县级以上地方人民政府水行政主管部门组织封井或者回填，所需费用由违法行为人承担。

第六十二条　违反本条例规定，构成违反治安管理行为的，由公安机关依法给予治安管理处罚；构成犯罪的，依法追究刑事责任。

第八章　附　则

第六十三条　本条例下列用语含义是：

地下水取水工程，是指地下水取水井及其配套设施，包括水井、集水廊道、集水池、渗渠、注水井以及需要取水的地热能开发利用项目的取水井和回灌井等。

地下水超采区，是指地下水实际开采量超过可开采量，引起地下水水位持续下降、引发生态损害和地质灾害的区域。

难以更新的地下水，是指与大气降水和地表水体没有密切水力联系，无法补给或者补给非常缓慢的地下水。

第六十四条　本条例自2021年12月1日起施行。